Michaela Glöckler

Die Aufgabe der Allgemeinen Anthroposophischen Gesellschaft

Michaela Glöckler

Die Aufgabe der Allgemeinen Anthroposophischen Gesellschaft im 21. Jahrhundert

Mit einem Nachwort von Andreas Neider

AKANTHOS AKADEMIE

EDITION ZEITFRAGEN

AKANTHOS AKADEMIE FÜR
ANTHROPOSOPHISCHE FORSCHUNG
UND ENTWICKLUNG

STUTTGART

Bibliographische Information der Deutschen Nationalbibliothek: Die Deutsche Nationalbibliothek verzeichnet diese Publikation in der Deutschen Nationalbibliographie; detaillierte bibliographische Daten sind im Internet über www.dnb.de abrufbar.

1. Auflage 2023 Michaela Glöckler
Verlegerische Betreuung:
Andreas Neider
Umschlaggestaltung, Satz und Layout :
Andreas Neider
Umschlagmotiv: Entwurf für den Bühnenvorhang des Ersten Goetheanum von Rudolf Steiner
© 2023 Akanthos Akademie e.V., Stuttgart
Herstellung & Verlag: BoD - Books on Demand, Norderstedt
ISBN 9 783 757863227

INHALT

VORBEMERKUNG

Es freut mich, dass Sie – liebe Leserin und lieber Leser – dieses Büchlein in die Hand genommen haben. Es ist nicht nur mit Herzblut geschrieben, sondern auch mit der Hoffnung, dass die Allgemeine Anthroposophische Gesellschaft ihrer Aufgabe im 21. Jahrhundert in einer Weise gerecht werden kann, wie es Rudolf Steiner bei ihrer Begründung auf der Weihnachtstagung 1923/24 im Hinblick auf die Zukunft veranlagt hat.

Was hat mich veranlasst, den Versuch zu wagen, 100 Jahre nach dieser Begründung darüber zu schreiben?

Erlauben Sie mir eine persönliche Vorbemerkung: Seit meinem 16. Lebensjahr ist die Anthroposophie für mich ein unentbehrlicher Begleiter geworden. Mit ihrer Hilfe konnte ich mir die vielen Fragen, die mich als Jugendliche in der Nachkriegszeit und angesichts des atomaren Wettrüstens in Amerika und Russland beschäftigt haben, so beantworten, dass ich trotz Holocaust und Weltuntergangsszenarien das

Leben auf der Erde lieb gewinnen konnte. Mit 18 Jahren hatte ich eine Gastkarte, um die Mitgliedervorträge im Rudolf Steiner Haus in Stuttgart besuchen zu können. Mit 21 wurde ich dann Mitglied der Anthroposophischen Gesellschaft und zwei Jahre später auch in der Freien Hochschule für Geisteswissenschaft.

In der Begegnung mit Freunden und Bekannten, KommilitonInnen und BerufskollegInnen habe ich jedoch immer wieder erlebt, dass die Begeisterung für Anthroposophie – anders als bei mir – sehr oft kein Grund war oder ist, auch Mitglied in der Anthroposophischen Gesellschaft zu werden. Anthroposophie ist doch da – wozu braucht es diese Gesellschaft? Außerdem: was ist nicht alles nach dem Tod Rudolf Steiners 1925 passiert? Habe ich mit diesen Kämpfen, Konflikten, Ausschlüssen sozialen Verwerfungen, Missverständnissen und Versöhnungen etwas zu tun? Ganz abgesehen von esoterischen Fragen: wie real ist der spirituelle Impuls in dieser Gesellschaft und ihrer Hochschule (noch)? Bestand nicht gerade in dieser Frage Uneinigkeit – auch im engsten Schülerkreis Rudolf Steiners? Ganz zu schweigen vom sogenannten Konstitutionsproblem mit seinen verschiedenen Facetten! Sind wir überhaupt in der Gesellschaft, die Rudolf Steiner an Weihnachten 1923/24 begründet hat? Oder im umgewandelten Bauverein, d.h. dem Verein des Goetheanum der freien Hochschule für Geisteswissenschaft, der gegründet wurde, um den Bau und die Finanzierung des ersten Goetheanum zu unterstützen und sicherzustellen?

Warum gibt es so unterschiedliche Ansichten über diese Umwandlung des Bauvereins, die am 8. Februar 1925 realisiert wurde? Das Protokoll der vierten außerordentlichen Generalversammlung des „Bauvereins" gibt doch – so wie die Vorläuferdokumente - klare Kenntnis davon (GA 260a, S. 559 ff) und die Anmeldung für das Handelsregister, die Rudolf Steiner und die anderen Vorstandsmitglieder am 8. Februar unterschrieben haben auch! Darin wird der Name des „Vereins des Goetheanum der freien Hochschule für Geisteswissenschaft/Bauverein" abgeändert in „Allgemeine Anthroposophische Gesellschaft" – d.h. er ist jetzt Träger des Namens der zu Weihnachten begründeten Gesellschaft! Warum wird angezweifelt, dass das im Sinne Rudolf Steiners war? Wer will schon Mitglied in einer Gesellschaft werden, die ihre eigene Identität infrage stellt und immer wieder Zeit und Kraft investiert in Diskussionen über die hier in aller Kürze angedeuteten Fragen?

Da ich zu den Mitgliedern gehöre, die zutiefst davon überzeugt sind, dass die Aufgabe der Anthroposophischen Gesellschaft eine zentrale Aufgabe der gegenwärtigen Zeit ist und im Hinblick auf die Zukunft immer dringlicher zu ergreifen ist, haben mich die vielen Gründe, die man gegen eine Mitgliedschaft ins Feld geführt hat, nicht nur schmerzlich berührt. Sie haben mir auch geholfen, im Durchdenken all dieser kritischen Einwände und Argumente, immer klarer zu verstehen, wie wichtig und unersetzlich die Aufgabe dieser Gesellschaft und der durch sie geförderten Freien Hochschule für Geistes-wissenschaft am Goetheanum ist. Und, dass es gerade die vielen Gegenargumente, ja Gegner-schaften sind, die bestimmt nicht da wären, wenn es hier nicht um etwas Wesentliches ginge!

Und ist es nicht auch stimmig, dass die „Fürs" und „Widers" in gleicher Weise da sind? Sind wir nicht dadurch erst wirklich frei, uns ganz aus eigener Motivation heraus für eine Mitglied-schaft zu entscheiden? So schreibe ich dieses Büchlein in der Hoffnung, dass es dazu beitragen kann, trotz aller „Wenns" und „Abers" den Kultur-Impuls dieser Gesellschaft neu zu sehen und nach besten Kräften zu unterstützen. Da der Inhalt dieser Darstellung Ergebnis vieler Gespräche ist, habe ich ihn auf den Fragen aufgebaut, die jeweils im Mittelpunkt standen.

Mein herzlicher Dank gilt Andreas Neider, mit dem ich seit Jahren über Fragen der anthroposophischen Arbeit im Gespräch bin. Er war nicht nur bereit, diese Publikation auf den Weg zu bringen und sie durch ein – mir sehr wichtiges – Nachwort zu ergänzen, sondern hat auch die Fertigstellung des Manuskriptes und das Lektorat besorgt.

Goetheanum, 23. August 2023

Michaela Glöckler

DIE AUFGABE DER ALLGEMEINEN ANTHROPOSOPHISCHEN GESELLSCHAFT IM 21. JAHRHUNDERT

Was war denn das Besondere dieser Weihnachtstagung von 1923/24? War Rudolf Steiner nicht bei vielen Weihnachtstagungen der schon 1912/13 gegründeten Anthroposophischen Gesellschaft aktiv beteiligt? Hat er nicht auch davor, als er noch in der Theosophischen Gesellschaft lehrte, wichtige Vorträge im Zusammenhang mit den christlichen Jahresfesten gehalten, ja die anthroposophische Christologie entwickelt und in vielen Vorträgen zur Darstellung gebracht? Warum wird *diese eine Weihnachtstagung* so in den Vordergrund gestellt?

Es hängt das Einmalige dieser Tagung damit zusammen, dass im Jahr zuvor das erste Goetheanum einer Brandstiftung zum Opfer gefallen war. Das Ergebnis einer zehnjährigen Zusammenarbeit von Bauleuten und KünstlerInnen aus 17 Nationen wurde in der Silvesternacht 1922/23 vernichtet. Auf der Erde blieb eine

11

Brandruine zurück. In der geistigen Welt erschien aufsteigend von der Erde ein übersinnlicher ätherisch-geistiger Tempelbau, der seitdem dort zugänglich ist. So wurde dies von vielen erlebt, die damals Zeitzeugen waren. Mir hat es die Heileurythmistin Isabella de Jaager nahe gebracht, deren Mann als Bildhauer am ersten Goetheanum mitgewirkt hatte. Sie sagte: Der Bau ist jetzt in der geistigen Welt – seither können wir uns geistig mit ihm in Verbindung halten. So wird auch verständlicher, warum Steiner den zweiten Goetheanumbau als „physisches Symbolum" des ersten Goetheanum bezeichnete. Der ursprüngliche Tempelbau, „das Haus des Wortes" ist jetzt zwar den physischen Blicken entzogen – es bleibt aber geistig bestehen, was in Liebe aufgebaut wurde. Steiner sagte dazu auf der Weihnachtstagung: „Wir stehen da als Goetheanum in der Seele, als seelisches Goetheanum, das natürlich möglichst bald den äußeren Bau haben muss." (GA 260, S. 121)

Rudolf Steiner aber stand vor der Frage: Wie kann und soll es mit der Gesellschaft und der Hochschule weitergehen? Denn durch die Brandkatastrophe war auch deutlich geworden, dass die 1912/13 aus der Theosophischen Gesellschaft hervorgegangene Anthroposophische Gesellschaft/AG nicht die Kohärenz und Stoßkraft besaß, um für die Kulturwirksamkeit der Anthroposophie ein geeignetes Instrument zu sein. So stand das Jahr 1923 unter der Fragestellung: Was bedeutet diese Zäsur in Folge der Brandkatastrophe für die anthroposophische Arbeit? Ist der Wille zum Wiederaufbau des Goetheanum da? Wie wird aus dem „Chaos zusammenhangloser Gruppen" der bestehenden AG „eine Gesellschaft mit geistigem Inhalt" und ausstrahlender Kulturwirksamkeit? (Briefe an die Mitglieder, 5. Mitgliederbrief, S.33).

Drei Tatsachen waren es, die Steiner bewogen, die Initiative zur Neubegründung der Gesellschaft zu ergreifen und sich zu entschließen, nicht nur selbst geeignete Vorstandsmitglieder vorzuschlagen, sondern auch selber den Vorsitz der Anthroposophischen Gesellschaft zu übernehmen.

Zum einen waren es die Aktivitäten in den Ländern, anthroposophische Landesgesellschaften zu gründen. Zum anderen erwachte in der Schweiz, in Deutschland und darüber hinaus ein klares Bewusstsein dafür, dass es notwendig ist, sich finanziell für den Wiederaufbau des Goetheanum zu engagieren. Ein entscheidendes Drittes war aber ein Gespräch, das Rudolf Steiner und Ita Wegman im Sommer 1923 in Penmaenmawr/Wales im Rahmen des Vortragszyklus über Initiationserkenntnis hatten. Dort fragte sie ihn, ob es möglich sei, die medizinischen Mysterien alter Zeit zu erneuern – in einer neuen, zeitgemäßen Form. Dies sei für ihn, so Steiner später zu dem holländischen Arzt Willem Zeylmans van Emmichhoven, „die Parzival-Frage" gewesen, die es ihm ermöglicht hätte, die Weihnachtstagung in der Form durchzuführen, wie dies dann geschehen sei. (J. Emanuel Zeylmans van Emmichhoven, Wer war Ita Wegman? Bd. II, S. 216f.)

Alle, die an dieser Tagung teilnahmen, bemerkten unmittelbar, dass hier keine „schöne weihnachtliche Tagung" vor sich ging. Vielmehr wurden sie Zeugen einer Inaugurationstat Rudolf Steiners: der Begründung eines neuen Mysterienwesens, ja, eines „Welten-Zeitenwende-Anfangs" (GA 260, S. 281).

Das klingt ja extrem anspruchsvoll – sollte nicht die Anthroposophische Gesellschaft

offen für alle Menschen sein, „unabhängig von ihrer wissenschaftlichen, künstlerischen und religiösen Überzeugung", wie es in den Statuten heißt? Handelt es sich also doch um eine Art neue Glaubensgemeinschaft?

Um eine Glaubensgemeinschaft geht es sicherlich nicht – die Anthroposophie wendet sich ja in allem an das selbstständige Denken der Menschen und deren Bereitschaft, an ihrer eigenen Lebenserfahrung zu prüfen, ob Gesichtspunkte aus der Anthroposophischen Geisteswissenschaft sich bewahrheiten oder nicht. Es handelt sich aber de facto um die geistige Stiftung einer neuen Form menschlicher Zusammenarbeit und Bereitschaft, sich in den Dienst der Menschheitsentwicklung zu stellen. Denn darum geht es letztlich bei allen anthroposophischen Bemühungen. Es geht um Selbsterkenntnis, soziales Menschenverständnis und darum, aus dieser Erkenntnis heraus menschenwürdige Lebens- und Arbeitszusammenhänge zu schaffen.

Eine solche Arbeitshaltung wird aber von den Mitgliedern der AG *nicht* erwartet! In die AG kann man ein- und austreten je nachdem, was einem zusagt. Es wird eine solche Bereitschaft zur Mitarbeit nur von den Mitgliedern der Freien Hochschule für Geisteswissenschaft erwartet, worauf wir noch zu sprechen kommen können.

Aber hatte Steiner nicht schon 1908 in seinen Vorträgen über die Apokalypse des Johannes davon gesprochen, dass die alten, vorchristlichen Mysterien, Mysterien der Weisheit gewesen seien. Die neuen christlichen Mysterien hingegen seien Mysterien des Willens. So gesehen war das doch bereits bekannt.

Das ist richtig. Steiner hat bereits in seinem öffentlichen Vortrag vom 17. Juni 1908 in Nürnberg den Grundgedanken dieser neuen Mysterien folgendermaßen bekannt gemacht (GA 104, S. 28-32):

„Je mehr der Mensch individuell wird, desto mehr kann er Liebeträger werden. Wo das Blut die Menschen zusammenkettet, da lieben die Menschen aus dem Grunde, weil sie durch das Blut hingeführt werden zu dem, was sie lieben sollen. Wird dem Menschen die Individualität zuerteilt, hegt und pflegt er den Gottesfunken in sich, dann müssen die Impulse der Liebe, die

Wellen der Liebe von Mensch zu Mensch gehen aus freiem Herzen heraus. Und so hat der Mensch mit diesem neuen Impuls das alte Band der Liebe, die an das Blut gebunden ist, bereichert. Die Liebe geht nach und nach über in die geistige Liebe, die von Seele zu Seele fließt, die zuletzt die ganze Menschheit umfassen wird mit einem gemeinschaftlichen Band allgemeiner Bruderliebe. Der Christus Jesus aber ist die Kraft, die lebendige Kraft, durch die, so wie sie in der Geschichte war, wie sie sich den äußeren Augen zeigte, zum ersten Mal die Menschheit zur Verbrüderung gebracht worden ist. Und die Menschen werden lernen, dieses Band der Bruderliebe als das vollendete, als das vergeistigte Christentum aufzufassen. (...)

Der Wahrheit nach können Sie allerdings, wenn sie tief genug forschen wollen, das, was das Christentum an Lehren enthält, in den anderen Religionen auch finden. Neue Lehren hat das Christentum nicht gebracht. Aber das Wesentliche im Christentum liegt nicht in den Lehren. (...) Dass der Christus sichtbar in die Erscheinung, sichtbar in die Welt getreten ist als Mensch unter Menschen, das ist es, was den Unterschied des Christus-Evangeliums ausmacht gegenüber der göttlichen Verkündigung von anderen Religionen (...)

Wie der Schüler, der in alten Zeiten eingeweiht wurde, einen Rückblick haben konnte auf die alten, auf die vergangenen Zeiten des Geisteslebens, so erhalten diejenigen, welche im christlichen Sinne eingeweiht werden, durch die Teilnahme an den Impulsen des Christus Jesus die Fähigkeit zu sehen, was aus dieser unserer Erdenwelt wird, wenn die Menschen im Sinne des Christus-Impulses wirken.(...) Während so die frühere Einweihung eine Einweihung in die Vergangenheit, in uralte Weisheit ist, geht die christliche Einweihung dahin, dem Einzuweihenden die Zukunft zu enthüllen. (...) Der sinnliche Alltagsmensch setzt sich Ziele für den Nachmittag, für den Abend, den Morgen. Der geistige Mensch vermag aus den geistigen Prinzipien heraus ferne Ziele sich zu setzen, die seinen Willen durchpulsen, seine Kräfte lebendig machen. So der Menschheit Ziele setzen, d. h. im wahren höchsten Sinn, im Sinn des ursprünglichen christlichen Prinzips, das Christentum esoterisch erfassen. So hat es derjenige verstanden, der das große Prinzip der Einweihung des Willens geschrieben hat, der die Apokalypse geschrieben hat. Man versteht die Apokalypse schlecht, wenn man sie nicht versteht als den Impulsgeber für die Zukunft, für das Handeln, für die Tat."

So Steiner 1908! Es ist aber ein großer Unterschied, etwas zu *hören und zu wissen* – oder aber etwas zum rechten Zeitpunkt am rechten Ort *zu realisieren*. Die neuen Mysterien tatsächlich zu stiften, so dass sie ab diesem Zeitpunkt zu den Kulturtatsachen gehören – das war die Tat Steiners auf der Weihnachtstagung. Weisheitsmysterien unterlagen einer strengen Schweigepflicht – wer eingeweiht war, durfte darüber zu Uneingeweihten nicht sprechen.

Im Gegensatz dazu heißt das christliche Mysterium Apokalypse, Offenbarung. Der Tod auf Golgatha - dieses tiefste Mysterium der Menschheit – fand vor aller Augen statt, weswegen die Willensmysterien hier ihren Ursprung haben. Die Weisheitsmysterien waren eingebettet in Volkstraditionen. Tempel und Rituale gaben den weltlich und geistlich Herrschenden Weihe und Autorität. Die neuen christlichen Mysterien sind allgemeinmenschlich ausgerichtet und haben ihren Ursprung im sich zur Freiheit entwickelnden Individuum und dessen Willen, sich konstruktiv in den Dienst der Menschheits-entwicklung zu stellen. Dass dies nicht einfach ist – dass hier Missverständnisse auftreten können, Fehler gemacht werden und es insbesondere schwer ist, den neuen Geist einer solchen Gemeinschaft zu begreifen – all das liegt sozusagen auf der Hand. Und es macht verständlich, warum die weitere Entwicklung nach Steiners Tod vielen Unwägbarkeiten ausgesetzt war und weiterhin sein wird. Dennoch sind die Arbeitsziele dieser neuen Mysterien seither auf dem Weg in die Realisierung und begeistern viele Menschen weltweit.

Mich berührt dabei am meisten, dass die Ausbreitung der anthroposophischen Kulturimpulse „von innen" kommt und nicht durch einen „Businessplan" und Geld quasi von außen organisiert wird. Vom Goetheanum aus wird die Entwicklung nicht „gesteuert" – wohl aber koordiniert und unterstützt, wo immer dies gewünscht wird – allerdings nicht finanziell, da das Goetheanum selbst auf Spenden zu seinem Unterhalt angewiesen ist.

Wenn aber ein so bedeutender Anfang zur Realisierung auch von prominenten Anthroposophen angezweifelt oder gar als geschei-

tert bezeichnet wird – so kann man doch nicht wirklich auf ihn bauen! Selbst Marie Steiner schreibt in ihrer Einleitung zur Erstherausgabe des gesamten Weihnachtstagungsgeschehens (GA 260, S. 18): „Wir waren wohl berufen, aber nicht auserwählt. Wir sind dem Ruf nicht gewachsen gewesen. Die weitere Entwicklung hat es gezeigt."

Das ist richtig. Es ist aber wichtig zu wissen, dass auch bezüglich der Sukzession ein großer Unterschied besteht zwischen den alten und neuen Mysterien. In den alten Mysterien galt das Prinzip der „horizontalen Sukzession" in Form von Handauflegen oder anderen Kontinuitätsritualen. Das findet sich auch noch innerhalb der katholischen Kirche bei den Weiheritualen der Priester, Bischöfe und der Päpste. Für die neuen Mysterien gilt das Prinzip der „vertikalen Sukzession", durch das jeder Mensch sich befähigen kann, *selber in innerster Gewissensfreiheit* den Anschluss an den Quellort der göttlichen Inspiration zu suchen.

Entsprechend schreibt Marie Steiner auch, was die Aufgabe gewesen wäre (a.a.O.): „Die tiefste Esoterik könnte darin bestehen, bisher divergierende frühere geistige Strömungen in einigen ihrer Repräsentanten jetzt zum harmonischen Ausgleich zu bringen. Das wäre eine esoterische Aufgabe gewesen, die im Zusammenwirken mit Dr. Steiner durch seine überragende Einsicht, Kraft und Liebefähigkeit hätte gelöst werden können. Aber unser menschliches und Gesellschaftskarma entlud sich auf ihm (…) In diesem tragischen Lichte steht die Weihnachtstagung für den, der die Möglichkeit hat, die Geschehnisse zu überschauen. Von der Schwere und dem Leide dieses Geschehens haben wir nicht das Recht, unsere Gedanken abzuwenden. Denn aus dem Leide kommt die Erkenntnis – aus dem Schmerz wird sie geboren. Und dieser Schmerz muss uns dazu führen, mit umso stärkerem Wollen unsere Aufgaben zu erfassen. (…) Unsere Aufgabe ist es nun, anhand der Ansprachen und Vorträge Rudolf Steiners, die uns im Stenogramm erhalten sind, die Weihnachtstagung selbst sprechen zu lassen. (…) Das Ganze der Verhandlungen ist für uns ein Schulungsweg in Dingen der Versammlungsführung und der Behandlung gesellschaftlicher Probleme. Aber getaucht ist dies alles in die Atmosphäre höchster Geistigkeit, dargebracht wie ein Bitt- und Dankopfer den höheren Mächten. Es herrscht das Bestreben vor, die Dinge dieser Welt praktisch und sinngemäß zu vollziehen, aber sie dem Willen einer weisen Weltenlenkung unterzuordnen. Das Alltägliche wird dadurch in die Sphäre der geistigen Zielsetzung und der höheren Notwendigkeit gehoben."

Aus diesen Worten spricht der Realismus im Hinblick auf die Möglichkeit der vertikalen Sukzession – kein Pessimismus im Sinne einer ununterbrochenen und damit gescheiterten horizontalen Sukzession. Rudolf Steiner war durch sein eigenes Leben und Handeln eine Art Urbild für diesen Übergang der alten in die neuen Mysterien. Es war ihm ein tiefes Bedürfnis wo immer möglich anzuknüpfen an das bisher Gewordene, um dann in unmittelbarer Verantwortung vor der geistigen Welt im Hier und Jetzt den neuen spirituellen Einschlag zur Wirksamkeit zu bringen. Hella Wiesberger nannte dies in ihren Publikationen zum Werk Rudolf Steiners das Prinzip von Kontinuität und Wandel.

Als ich 1988 die Leitung der medizinischen Sektion am Goetheanum übernommen habe, stand ich auch vor der Aufgabe, mich an das bisher gewordene anzuschließen und zu fragen, welche Möglichkeiten sich für die Fortsetzung und Weiterentwicklung der Arbeit ergeben. Was haben die vier LeiterInnen der Medizinischen Sektion – Ita Wegman, Margarethe Kirchner-Bockholt, Walter Holtzapfel und Friedrich Lorenz vor mir getan? Und was kann ich jetzt als nächsten Schritt in der Fortsetzung der Arbeit unternehmen? Ohne Anknüpfung an die Aufgabenstellung, die Rudolf Steiner auf der Weihnachtstagung der medizinischen Sektion und ihrer Leiterin gegeben hat („das medizinische System der Anthroposophie auszuarbeiten"), hätte ich gar nicht gewusst, was meine Leitungsaufgabe ist. So aber war klar, dass es darum geht, wo und wie auch immer möglich, Menschen und Menschengruppen darin zu unterstützen, an der Substanzbildung der Anthroposophischen Medizin in all ihren Disziplinen zu arbeiten und die Ausbreitung der medizinischen Bewegung weltweit zu fördern (Vgl. dazu: Michaela Glöckler, Rolf Heine Hg. Führungsfragen und Arbeitsformen in der anthroposophisch-medizinischen Bewegung, Dornach 2015). Knüpft man – neben dem berufsspezifischen Hinweis – an die Grund-steinmeditation und die in den Statuten be-schriebenen Arbeitsformen an und ergänzt dies durch alles, was während den Statutenberatungen auf der Weihnachtstagung diskutiert wurde, so erlebt man einerseits mit großer Dankbarkeit das geistige Fundament am historischen Ausgangspunkt der Arbeit. Die Initiative für die Weiterarbeit aber entzündet sich am eigenen Bemühen, sich mit dem geistigen Impuls, um den es geht, im Sinne der Qualität vertikaler Sukzession zu verbinden. Man fühlt sich unmittelbar in der eigenen Handlungsbereitschaft angesprochen und empfindet Tragekraft und Fruchtbarkeit des historisch Veranlagten unmittelbar und zweifelsfrei.

Kannst du diese neue Kultur-Qualität vertikaler Sukzession genauer beschreiben? Neue Mysterien, Mysterien des Willens – es klingt sehr allgemein, sehr groß. Wie kann man sich das konkret vorstellen? Und wie findet man es in der heute existierenden Anthroposophischen Gesellschaft und ihrer Hochschule?

Steiner begründet den neuen Namen „Allgemeine Anthroposophische Gesellschaft" damit, dass es keine „Internationale" Gesellschaft sein soll – die an Nationen erinnert, sondern eine „allgemeinmenschliche". Denn in der von der

Schweizer Landesgesellschaft formulierten Einladung zur Weihnachtstagung vom 16.12. 1923 in der Goetheanum Wochenschrift war geschrieben worden: „Gründungsversammlung der Internationalen Anthroposophischen Gesellschaft".

Denn es war an eine Delegiertentagung gedacht, bei der sich dann die Landes- und Ortsgruppen dieser neuen länderübergreifenden Gesellschaft anschließen können. Steiner sagte dann zum Beginn der Tagung dazu: „Und ich möchte hier die herzliche Bitte aussprechen, das Wort „Internationale Gesellschaft" niemals zu gebrauchen, sondern nur davon zu sprechen, dass es eine Allgemeine Anthroposophische Gesellschaft gibt, die ihren Mittelpunkt haben wird hier am Goetheanum in Dornach." (GA 260, S. 41). 1919 hatte er bereits in seinen Vorträgen über soziale Zukunft drei Gesellschaftstypen charakterisiert: die pyramidale Machtgesellschaft der Vergangenheit, die demokratische „Tauschgesellschaft" der Gegenwart und die *Gemein*gesellschaft als *die* Gesellschaftsform der Zukunft. *Selbstlosigkeit ist der Grundnerv dieser Zukunftsgesellschaft* und entsprechend auch selbstloser Dienst an der

Menschheit die Aufgabe der zu Weihnachten begründeten Allgemeinen Anthroposophischen Gesellschaft. Und so findet man den neuen Namen Allgemeine Anthroposophische Gesellschaft/AAG und den bisherigen Namen Anthroposophische Gesellschaft/ AG – *beide* im Laufe der Tagung oft genannt. Den Namen AG vor allem im Zusammenhang mit den Statuten. Das mag zunächst verwirren. Es klärt sich aber dadurch, dass die AG in Anknüpfung an ihre Begründung 1912/13 in den Statuten durchgehend so genannt wird und später von Steiner auch als „Anthroposophische Gesellschaft im engeren Sinn" (260a, S. 504) bezeichnet wird.

Ist das dann auch der Grund, warum auf den neu nach der Weihnachtstagung ausgestellten Mitgliedskarten nur „Anthroposophische Gesellschaft" steht und nicht der Name der AAG?

Ja. Weil man aber auch darüber im Lauf der Zeit unterschiedlich gedacht hat, ist die sogenannte Namensfrage auch ein Element der in meiner Vorbemerkung erwähnten Konstitutionsdebatte. Steiner hat die 12000 neuen Mitgliedskarten handschriftlich unterschrieben in Anknüpfung an die 1912/13 gegründete Anthroposophische

Gesellschaft, wie dies auch in den Statuten formuliert wurde.

Wie verstehst du dann die AAG in ihrem Verhältnis zur AG?

Für mich hat sich die Frage einerseits durch die Aussagen Steiners zur AG und der AAG geklärt, die auch noch nach der Tagung wichtige Ergänzungen beinhalten. Andererseits aber auch dadurch, dass er immer wieder betont, wie durch die Weihnachtstagung die Anthroposophische Gesellschaft und die Anthroposophische Bewegung *eins* geworden seien. Um das zu verstehen, muss man die AG und die Hochschule miteinander in Beziehung setzen. Denn die Leiter der einzelnen Sektionen der Hochschule sollten die Leiter „der einzelnen Zweige der Anthroposophischen Bewegung" sein (GA 260, S.142). Die AG hingegen der Ort der Pflege der Anthroposophie und der Unterstützung der Hochschule. Die Hochschule wiederum sollte „die Seele" der AG sein. Dieser komplexe Gesamtzusammenhang ist die von Steiner am Goetheanum verortete AAG. So hat ja auch die AG ihren Sitz am Goetheanum – das Goetheanum aber *ist* die Freie Hochschule für Geisteswissenschaft.

Dementsprechend hat Steiner in seinem Bericht im Nachrichtenblatt vom 13. Januar 1924 die Überschrift gewählt: „Die Bildung der Allgemeinen Anthroposophischen Gesellschaft durch die Weihnachtstagung 1923" (GA 260a, S. 27ff). Damit ist klar zum Ausdruck gebracht, dass die Weihnachtstagung als Ganzes mit dem Grundstein, den Statuten, dem Willen zum Wiederaufbau des Goetheanum und der dadurch mit ermöglichten Neubegründung der Hochschule mit ihren Sektionen der Ausgangspunkt für die Bildung der AAG ist. Entsprechend schreibt Steiner dann auch in diesem Bericht vom 13.1. zu der Grundsteinmeditation: „Im engsten Zusammenhang mit der Eröffnungsversammlung vom Vormittag des 25. Dezember stand die Festlichkeit am Morgen des 25., die den Namen trug: „Grundsteinlegung der Allgemeinen Anthroposophischen Gesellschaft". Damit ist deutlich, dass diese geistige Grundsteinlegung auch das Goetheanum und seine Hochschule mit umfasst.

So begann diese Tagung mit der Grundsteinmeditation für den großen neuen Zusammenhang von Anthroposophischer Gesellschaft und Hochschule?

Ja. So wurde sie zu Beginn der Weihnachtstagung verlesen und eingehend erläutert:

Menschenseele!
Du lebest in den Gliedern,
Die dich durch die Raumeswelt
In das Geistesmeereswesen tragen:
Übe Geist-Erinnern
In Seelentiefen,
Wo in waltendem
Weltschöpfer-Sein
Das eigne Ich
Im Gottes-Ich
Erweset;
Und du wirst wahrhaft leben
Im Menschen-Welten-Wesen.

Denn es waltet der Vater-Geist der Höhen
In den Weltentiefen Sein-erzeugend.
Seraphim, Cherubim, Throne,
Lasset aus den Höhen erklingen,
Was in den Tiefen das Echo findet;
Dieses spricht:
Ex Deo nascimur.
Das hören die Elementargeister
Im Osten, Westen, Norden, Süden:
Menschen mögen es hören.

Menschenseele!
Du lebest in dem Herzens-Lungen-Schlage,
Der dich durch den Zeitenrhythmus
Ins eigne Seelenwesensfühlen leitet:
Übe Geist-Besinnen
Im Seelengleichgewichte,
Wo die wogenden
Welten-Werde-Taten
Das eigne Ich
Dem Welten-Ich
Vereinen;
Und du wirst wahrhaft fühlen
Im Menschen-Seelen-Wirken.

Denn es waltet der Christus-Wille im Umkreis
In den Weltenrhythmen Seelen-begnadend.
Kyriotetes, Dynamis, Exusiai,
Lasset vom Osten befeuern,
Was durch den Westen sich gestaltet;
Dieses spricht:
In Christo morimur.
Das hören die Elementargeister
Im Osten, Westen, Norden, Süden:
Menschen mögen es hören.
Menschenseele!
Du lebest im ruhenden Haupte,
Das dir aus Ewigkeitsgründen

Die Weltengedanken erschließet:
Übe Geist-Erschauen
In Gedanken-Ruhe,
Wo die ew'gen Götterziele
Welten-Wesens-Licht
Dem eignen Ich
Zu freiem Wollen
Schenken;
Und du wirst wahrhaft denken
In Menschen-Geistes-Gründen.

Denn es walten des Geistes Weltgedanken
Im Weltenwesen Licht-erflehend.
Archai, Archangeloi, Angeloi,
O lasset aus den Tiefen erbitten,
Was in den Höhen erhöret wird:
Dieses spricht:
Per spiritum sanctum reviviscimus.
Das hören die Elementargeister
Im Osten, Westen, Norden, Süden;
Menschen mögen es hören.

In der Zeiten Wende
Trat das Welten-Geistes-Licht
In den irdischen Wesensstrom;
Nacht-Dunkel
Hatte ausgewaltet;

Taghelles Licht
Erstrahlte in Menschenseelen;
Licht,
Das erwärmet
Die armen Hirtenherzen;
Licht,
Das erleuchtet
Die weisen Königshäupter -

Göttliches Licht,
Christus-Sonne,
Erwärme
Unsere Herzen;
Erleuchte
Unsere Häupter;
Dass gut werde,
Was wir aus Herzen
Gründen,
Aus Häuptern
Zielvoll führen wollen.

Die Anwesenden wurden daraufhin eingeladen, sich individuell in ihren Herzen mit dieser Meditation zu verbinden. Wer das im Original nachliest, wie Rudolf Steiner während der Weihnachtstagung den Grundsteinspruch durch die Tage der Woche hindurch erläutert und immer einzelne Zeilen in Form von „Rhythmen" besonders herausgreift – empfindet deutlich die Aufforderung, den damit verbundenen Wochenrhythmus in die eigene innere Arbeit aufzunehmen. „Rhythmus trägt Leben" – so hatte Steiner dem Chemiker Rudolf Hauschka geantwortet, als dieser ihn fragte, was denn Leben sei: „Studieren Sie die Rhythmen - Rhythmus trägt Leben". Man spürt deutlich, wie sich hier etwas vom ewigen Leben in das zeitliche Leben hereinwebt. Und während in den drei ersten Strophen, in denen die Seele sich selber anruft, im Laufe der Woche das rosenkreuzerische Menschheitsgebet in lateinischer und deutscher Sprache erklingt, ist es in der vierten Strophe der Geist der Menschheit, die Christuswesenheit, die wie in einem gemeinsamen Gebet angesprochen wird.

Gibt es denn auch einen Zusammenhang zwischen dieser gewaltigen Menschheitsmeditation und den Statuten der AG?

Ja – es ist der Geist „des freien Wollens" der im Zentrum dieser Statuten steht und im dritten Teil der Grundsteinmeditation angesprochen wird. Die Statuten wurden jeweils im Anschluss an die Betrachtungen zur Meditation verlesen und durch mehrere Tage hindurch beraten und dann einstimmig beschlossen. Sie beschreiben die Art der Zusammenarbeit und des sozialen Miteinanders. Kernstück ist dabei, jedem Mitglied größtmögliche Freiheit der Initiative zu gewähren. Steiner charakterisiert die Aufgabe der Statuten in dem genannten Bericht vom 13. Januar 1924 so:

„Der anthroposophischen Gesellschaft eine Form zu geben, wie sie die anthroposophische Bewegung zu ihrer Pflege braucht, das war mit der eben beendeten Weihnachtstagung am Goetheanum beabsichtigt. (…) Was an die Stelle eines gewöhnlichen Statuts zu treten habe, war zu sagen. Eine *Beschreibung* dessen, was Menschen in einem rein menschlichen Lebenszusammenhang – als anthroposophische Gesellschaft – vollbringen möchten, solle an die Stelle eines solchen „Statuts" treten."

Statuten im bürokratischen Sinn, d. h. Regeln, nach denen man sich zu verhalten hat, waren für Steiner ein Graus. Darüber hat er sich an verschiedenen Stellen ausgesprochen und so auch während der Weihnachtstagung. Das Weihnachtstagungsstatut hingegen sollte beschreiben, was Menschen miteinander vorhaben, die Art wie sie arbeiten wollen. Es sollte aber auch einem Statut entsprechen, das man handelsregisterlich eintragen kann und das der Leitung der Gesellschaft auch in rechtlicher und wirtschaftlicher Hinsicht volle Gestaltungsfreiheit gibt – so wie das Steiner am 29. Juni 1924 unmissverständlich formuliert hat (GA 260a, S. 497ff.).

Diese besonderen Statuten möchte ich hier auch im Wortlaut wiedergegeben, da ich immer wieder die Erfahrung mache, wie wenig bekannt und im Alltag präsent die Beschreibung dieses „rein menschlichen Lebenszusammenhangs" unter den Mitgliedern ist, an den wir ja alle angeschlossen sind. Wären uns diese Statuten ähnlich herzensnah wie die Grundstein-Meditation, so wäre die Wirkung unserer Gesellschaft intern und mit Bezug auf die Öffentlichkeit sehr anders!

Wie – möge jeder selbst entscheiden, nachdem er die Statuten nochmals in Ruhe gelesen hat.

1. Die Anthroposophische Gesellschaft soll eine Vereinigung von Menschen sein, die das seelische Leben im einzelnen Menschen und in der menschlichen Gesellschaft auf der Grundla-

ge einer wahren Erkenntnis der geistigen Welt pflegen wollen.

2. Den Grundstock dieser Gesellschaft bilden die in der Weihnachtszeit 1923 am Goetheanum in Dornach versammelten Persönlichkeiten, sowohl die Einzelnen wie auch die Gruppen, die sich vertreten ließen. Sie sind von der Anschauung durchdrungen, dass es gegenwärtig eine wirkliche, seit vielen Jahren erarbeitete und in wichtigen Teilen auch schon veröffentlichte Wissenschaft von der geistigen Welt schon gibt und dass der heutigen Zivilisation die Pflege einer solchen Wissenschaft fehlt. Die Anthroposophische Gesellschaft soll diese Pflege zu ihrer Aufgabe haben. Sie wird diese Aufgabe so zu lösen versuchen, dass sie die im Goetheanum zu Dornach gepflegte anthroposophische Geisteswissenschaft mit ihren Ergebnissen für die Brüderlichkeit im menschlichen Zusammenleben, für das moralische und religiöse sowie für das künstlerische und allgemein geistige Leben im Menschenwesen zum Mittelpunkte ihrer Bestrebungen macht.

3. Die als Grundstock der Gesellschaft in Dornach versammelten Persönlichkeiten erkennen zustimmend die Anschauung der

durch den bei der Gründungsversammlung gebildeten Vorstand vertretenen Goetheanum-Leitung in Bezug auf das Folgende an: «Die im Goetheanum gepflegte Anthroposophie führt zu Ergebnissen, die jedem Menschen ohne Unterschied der Nation, des Standes, der Religion als Anregung für das geistige Leben dienen können. Sie können zu einem wirklich auf brüderliche Liebe aufgebauten sozialen Leben führen. Ihre Aneignung als Lebensgrundlage ist nicht an einen wissenschaftlichen Bildungsgrad gebunden, sondern nur an das unbefangene Menschenwesen. Ihre Forschung und die sachgemäße Beurteilung ihrer Forschungsergebnisse unterliegt aber der geisteswissenschaftlichen Schulung, die stufenweise zu erlangen ist. Diese Ergebnisse sind auf ihre Art so exakt wie die Ergebnisse der wahren Naturwissenschaft. Wenn sie in derselben Art wie diese zur allgemeinen Anerkennung gelangen, werden sie auf allen Lebensgebieten einen gleichen Fortschritt wie diese bringen, nicht nur auf geistigem, sondern auch auf praktischem Gebiete.» (Anmerkung: Die Anthroposophische Gesellschaft knüpft an die im Jahre 1912 gegründete Anthroposophische Gesellschaft an, möchte aber für die damals festgestellten Ziele einen selbständigen, dem wahren Geiste der Gegenwart entsprechenden Ausgangspunkt schaffen.)

4. Die Anthroposophische Gesellschaft ist keine Geheimgesellschaft, sondern eine durchaus öffentliche. Ihr Mitglied kann jedermann ohne Unterschied der Nation, des Standes, der Religion, der wissenschaftlichen oder künstlerischen Überzeugung werden, der in dem Bestand einer solchen Institution, wie sie das Goetheanum in Dornach als freie Hochschule für Geisteswissenschaft ist, etwas Berechtigtes sieht. Die Gesellschaft lehnt jedes sektiererische Bestreben ab. Die Politik betrachtet sie nicht als in ihrer Aufgabe liegend.

5. Die Anthroposophische Gesellschaft sieht ein Zentrum ihres Wirkens in der Freien Hochschule für Geisteswissenschaft in Dornach. Diese wird in drei Klassen bestehen. In dieselbe werden auf ihre Bewerbung hin aufgenommen die Mitglieder der Gesellschaft, nachdem sie eine durch die Leitung des Goetheanums zu bestimmende Zeit die Mitgliedschaft innehatten. Sie gelangen dadurch in die erste Klasse der Freien Hochschule für Geisteswissenschaft. Die Aufnahme in die zweite, beziehungsweise in die dritte Klasse erfolgt, wenn die um dieselbe

Ansuchenden von der Leitung des Goetheanums als geeignet befunden werden.

6. Jedes Mitglied der Anthroposophischen Gesellschaft hat das Recht, an allen von ihr veranstalteten Vorträgen, sonstigen Darbietungen und Versammlungen unter den von dem Vorstande bekanntzugebenden Bedingungen teilzunehmen.

7. Die Einrichtung der Freien Hochschule für Geisteswissenschaft obliegt zunächst Rudolf Steiner, der seine Mitarbeiter und seinen eventuellen Nachfolger zu ernennen hat.

8. Alle Publikationen der Gesellschaft werden öffentlich in der Art wie diejenigen anderer öffentlicher Gesellschaften sein. (Anmerkung: Öffentlich sind auch die Bedingungen, unter denen man zur Schulung kommt, geschildert worden und werden auch weiterhin veröffentlicht werden.) Von dieser Öffentlichkeit werden auch die Publikationen der Freien Hochschule für Geisteswissenschaft keine Ausnahme machen; doch nimmt die Leitung der Schule für sich in Anspruch, dass sie von vornherein jedem Urteile über *diese* Schriften die Berechtigung bestreitet, das nicht auf die Schulung gestützt ist,

aus der sie hervorgegangen sind. Sie wird in diesem Sinne keinem Urteil Berechtigung zuerkennen, das nicht auf entsprechende Vorstudien gestützt ist, wie das ja auch sonst in der anerkannten wissenschaftlichen Welt üblich ist. Deshalb werden die Schriften der Freien Hochschule für Geisteswissenschaft den folgenden Vermerk tragen: «Als Manuskript für die Angehörigen der Freien Hochschule für Geisteswissenschaft, Goetheanum Klasse... gedruckt. Es wird niemand für die Schriften ein kompetentes Urteil zugestanden, der nicht die von dieser Schule geltend gemachte Vor-Erkenntnis durch sie oder auf eine von ihr selbst als gleichbedeutend anerkannte Weise erworben hat. Andere Beurteilungen werden insofern abgelehnt, als die Verfasser der entsprechenden Schriften sich in keine Diskussion über dieselben einlassen.»

9. Das Ziel der Anthroposophischen Gesellschaft wird die Förderung der Forschung auf geistigem Gebiete, das der Freien Hochschule für Geisteswissenschaft diese Forschung selbst sein. Eine Dogmatik auf irgendeinem Gebiete soll von der Anthroposophischen Gesellschaft ausgeschlossen sein.

10. Die Anthroposophische Gesellschaft hält jedes Jahr im Goetheanum eine ordentliche Jahresversammlung ab, in der von dem Vorstande ein vollständiger Rechenschaftsbericht gegeben wird. Die Tagesordnung an dieser Versammlung wird mit der Einladung an alle Mitglieder sechs Wochen vor der Tagung von dem Vorstande bekanntgegeben. Außerordentliche Versammlungen kann der Vorstand berufen und für sie die Tagesordnung festsetzen. Er soll drei Wochen vorher die Einladungen an die Mitglieder versenden. Anträge von einzelnen Mitgliedern oder Gruppen von solchen sind eine Woche vor der Tagung einzusenden.

11. Die Mitglieder können sich auf jedem örtlichen oder sachlichen Felde zu kleineren oder größeren Gruppen zusammenschließen. Die Anthroposophische Gesellschaft hat ihren Sitz am Goetheanum. Der Vorstand hat von da aus das an die Mitglieder oder Mitgliedergruppen zu bringen, was er als die Aufgabe der Gesellschaft ansieht. Er tritt in Verkehr mit den Funktionären, die von den einzelnen Gruppen gewählt oder ernannt werden. Die einzelnen Gruppen besorgen die Aufnahme der Mitglieder; doch sollen die Aufnahmebestätigungen

dem Vorstand in Dornach vorgelegt und von diesem im Vertrauen zu den Gruppenfunktionären unterzeichnet werden. Im Allgemeinen soll sich jedes Mitglied einer Gruppe anschließen; nur wem es ganz unmöglich ist, die Aufnahme bei einer Gruppe zu finden, sollte sich in Dornach selbst als Mitglied aufnehmen lassen.

12. Der Mitgliedsbeitrag wird durch die einzelnen Gruppen bestimmt; doch hat jede Gruppe für jedes ihrer Mitglieder 15 Franken an die zentrale Leitung am Goetheanum zu entrichten.

13. Jede Arbeitsgruppe bildet ihre eigenen Statuten; nur sollen diese den Statuten der Anthroposophischen Gesellschaft nicht widersprechen.

14. Gesellschaftsorgan ist die Wochenschrift «Das Goetheanum», die zu diesem Ziele mit einer Beilage versehen wird, die die offiziellen Mitteilungen der Gesellschaft enthalten soll. Diese vergrößerte Ausgabe wird nur an die Mitglieder der Anthroposophischen Gesellschaft abgegeben.

15. Gründungs-Vorstand
Erster Vorsitzender: Dr. Rudolf Steiner

Zweiter Vorsitzender: Albert Steffen
Schriftführer: Dr. Ita Wegman
Beisitzer: Marie Steiner, Dr. Elisabeth Vreede
Sekretär und Schatzmeister: Dr. Guenther
Wachsmuth.

Im Gegensatz zur Mitgliedschaft in der Anthroposophischen Gesellschaft, die als einzige Bedingung hat, in einer Einrichtung, wie es das Goetheanum ist, etwas Berechtigtes zu sehen und daher auch bereit zu sein, einen Mitgliedsbeitrag zu bezahlen, ist dies bei der Mitgliedschaft in der Hochschule anders. Hier wurde eine verbindliche geistbrüderlich/schwesterliche Gemeinschaft gestiftet, die entscheidend dazu beiträgt, dass trotz der maximalen Freiheit des Einzelnen in der Anthroposophischen Gesellschaft kein Chaos zusammenhangloser Gruppen, sondern „eine Gesellschaft mit geistigem Inhalt" und klarer Kulturaufgabe entstehen kann. Dieses sozialtherapeutische Kunststück erläutert Steiner am 27. Dezember 1923 anhand einer Skizze:

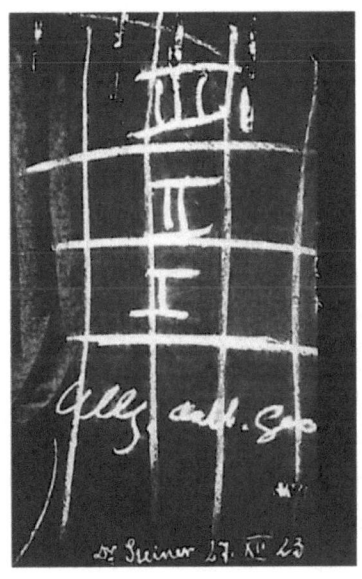

Sie zeigt den sozialen Bau der AAG und der Hochschule mit ihren drei Klassen und den neu eingerichteten Sektionen, die vertikal ausgerichtet sind und die Arbeitsebenen der Klassen und der AAG kreuzen.

Kannst du den Unterschied zwischen der Mitgliedschaft in der AG und der Hochschule nochmal klar differenzieren?

Neben der bereits genannten Bedingung, einen Mitgliedsbeitrag zu bezahlen und in einer Einrichtung wie es das Goetheanum ist, etwas

Berechtigtes zu sehen, finde ich sehr wichtig, dass gemäß dem Weihnachtsstatut jedes Mitglied frei ist, nicht nur einen eigenen Zweig oder eine Gruppe auf sachlichem Feld zu gründen. Vielmehr darf es auch selbst, bzw. die Mitglieder in der Gruppe entscheiden, welche Art von Statuten und Arbeitsformen sie sich geben wollen und dies dann auch zu tun bis hin in die gewünschte vereinsrechtliche Form. Mit der Mitgliedschaft in der AG ist also keine Verpflichtung zu einer bestimmten Arbeitsweise verbunden. Die eigenen Statuten sollen nur dem Weihnachtsstatut nicht widersprechen.

Zur Aufnahme in die Hochschule hingegen werden für die Bewerber drei Bedingungen genannt und in den „Briefen an die Mitglieder" eingehend erläutert: den Anthroposophischen Schulungsweg ernst zu nehmen, sich im Zusammenhang zu halten mit den anderen Hochschulmitgliedern und den Entschluss zu fassen, „sich wirklich zu Repräsentanten der Anthroposophischen Sache im Leben in allen Einzelheiten machen wollen" (15.2.24, Einleitung 1. Klassenstunde), wozu selbstverständlich auch das Arbeiten auf dem Boden der Weihnachtsstatuten gehört. Dadurch, so Steiner, könnten die

Hochschulmitglieder eine Art soziales Korrektiv bilden, so dass Hochschule und Gesellschaft in ihrem Zusammenhang der Aufgabe gerecht werden können, auf den verschiedenen Lebensfeldern die spirituellen Kulturimpulse der Anthroposophie zur Wirksamkeit zu bringen. Diese Notwendigkeit, das Initiationsprinzip unter die Zivilisationsprinzipien aufzunehmen, d. h. die Anthroposophie zu befähigen, auf den verschiedensten Lebensgebieten kulturwirksam zu werden – dies war dann auch das Kernthema der Abend- und Morgenvorträge während der Weihnachtstagung.

Es wurde also vor 100 Jahren eine im Geist gegründete Arbeitsgemeinschaft gestiftet, an die sich jeder in der ihm bzw. ihr möglichen Form anschließen kann. Was mich dabei besonders berührt, ist die Tatsache, dass diese Arbeitsgemeinschaft trotz mancher Krise unverbrüchlich stabil geblieben ist. Es gab immer genügend Mitglieder in der AG und Hochschule, die keinen Zweifel aufkommen ließen an der Realität des zu Weihnachten Begonnenen, und die mit ihren Möglichkeiten zum Gedeihen des Anthroposophischen Kulturimpulses beitragen wollten und konnten. Es ist eine durch die geistige Grundsteinlegung verbundene Gemeinschaft der Lebenden und der Verstorbenen – sie hat ihren Tempel in der geistigen Welt und das physische Symbolum davon auf dem Dornacher Hügel als Tagungs-Begegnungs- und Arbeitsort.

Entsprechend haben sich auch die Sektionen sehr unterschiedlich entwickelt – je nachdem, wie aktiv die Angehörigen der jeweiligen Berufsgruppen auf ihre Sektionsleitung zugegangen sind und wie unternehmerisch diese befähigt war, dem zu entsprechen. Denn eines gilt für alle diese Berufs-und Lebensfelder, die durch die Anthroposophie inspiriert werden: Es sind Berufsgemeinschaften mit einem esoterischen Kern, einem gemeinsamen geistigen Ort der Inspiration. Es gilt dies sowohl für die Lehrerschaft der Waldorfschulen, die Priesterschaft der Christengemeinschaft, die im September 1924 von Rudolf Steiner und Ita Wegman noch auf den Weg gebrachte esoterische Ärzteschaft, die durch eine gemeinsame Meditation verbundene Gemeinschaft der Heilpädagogen, den Versuchsring für biologisch-dynamische Landwirtschaft, das meditative Gut, das die Künstlerinnen und Künstler jeweils auf ihrem Felde verbindet sowie für das auf den verschiedenen Wissenschaftsgebieten von Rudolf Steiner Ausgeführte. Dies zu pflegen und lebendig zu halten ist Aufgabe der Hochschulsektionen am Goetheanum. Auch wenn beispielsweise in einem anthroposophischen Krankenhaus unter den über 800 Mitarbeitern nur wenige Mitglieder in der AG oder Hochschule sind, so sind doch diese Wenigen in gewisser Weise die Garanten für die anthroposophische Qualität des Hauses.

Steiner hat immer wieder betont, dass durch die Weihnachtstagung die von ihm geleitete und inaugurierte anthroposophische Bewegung „eins" geworden sei mit der Anthroposophischen Gesellschaft, scheint es mir fast so, als ob die Einrichtung der Sektionen der Schlüssel zum Verständnis dieser Tatsache ist. Welche Aufgabe hat aber dann spezifisch die Anthroposophische Gesellschaft „im engeren Sinn"?

Es waren ja die *Menschen* in der Theosophischen und später Anthroposophischen Gesellschaft, die Steiner zu den Vorträgen einluden und so – neben den Publikationen von Steiner – die Anthroposophie bekannt machten. Daher hat Steiner nach der Weihnachtstagung den Mitgliedern auch vieles über ihr Karma enthüllt und ihre Kulturaufgabe beschrieben (z.B. am 5. September 1924, GA 238, S.11 ff.). Er eröffnet hier den Mitgliedern der Anthroposophischen Gesellschaft die karmischen Zusammenhänge und menschheitlichen Kulturströmungen, die sich zu Trägern der anthroposophischen Impulse machen konnten – gerade auch wegen ihrer Verschiedenheiten und karmischen Differenzen. Zentral dabei war aber die Begründung der Michael Schule in der geistigen Welt im 15. Jahrhundert.

Ergänzt wurden diese Schilderungen dann von Rudolf Steiner noch auf dem Krankenlager in Form der sogenannten Michael-Briefe (GA 26), die in der Wochenschrift des Goetheanum publiziert wurden. Zu Beginn der fünften Kulturepoche und des aufkommenden Materialismus verlor – so Rudolf Steiner – der Erzengel Michael seine Aufgabe, die kosmische Intelligenz so zu verwalten, dass sich der Mensch durch sein Denken auch in seiner geistigen Natur, d.h. als geistiges Wesen erleben kann. Diese Intelligenz ist aber – seitdem sie ganz auf der Erde angekommen ist – nicht mehr unter der Führung der die Menschheitsentwicklung begleitenden göttlichen Wesen und folglich auch nicht mehr in Michaels Verwaltung.

Im Zwölften Kapitel der Apokalypse des Johannes wird der Kampf Michaels mit dem Drachen geschildert, der seinen Wohnplatz nach dem Sieg Michaels nun auf der Erde hat, wo er die Intelligenz der Menschen materialistisch inspiriert und vom göttlichen Ursprung abschnüren will. Michael sammelt nun im Vorgeburtlichen Menschen in seiner Schule, um sie über das Geheimnis dieses intellektuellen Sündenfalls aufzuklären. Menschen, die diesen Impuls vorgeburtlich aufnehmen konnten, suchen dann auf der Erde nach Wegen, ihr Denken wieder zu spiritualisieren und zu befähigen, geistig Wesenhaftes unmittelbar im eigenen Denken zu erleben.

Diese von Michael inspirierte Suche nach einer Spiritualisierung des Denkens ist der Ur-Impuls der anthroposophischen Bewegung und der von Rudolf Steiner begründeten anthroposophischen Geisteswissenschaft. Das Einswerden der von Steiner inaugurierten anthroposophischen Bewegung mit der Anthroposophischen Gesellschaft wurde dadurch möglich, dass er sich selbst schicksalsmäßig mit den Menschen verbunden hat, die sich an Weihnachten zur Neubegründung der Anthroposophischen Gesellschaft versammelt hatten. Und die Neubegründung der Hochschule als „Michael-Schule auf der Erde" konnte das soziale Gefäß werden, das durch die Arbeit der Sektionen die Spiritualisierung der verschiedenen Berufsfelder und Lebensgebiete in eine weitere Zukunft hinein möglich macht.

Rudolf Steiner schilderte dann auch noch einen Zwischenschritt zwischen der Begründung der Michael Schule in der geistigen Welt im 15. Jahrhundert und der Begründung auf der Erde im 20. Jahrhundert durch die Weihnachtstagung. Es ist dies der sogenannte kosmische Kultus um 1800, am Anfang des 19. Jahrhunderts unmittelbar vor Beginn der von Michael als Zeitgeist geleiteten Epoche, die 1879 begonnen hat und so wie jede Erzengelführerschaft in der Zeitgeistaufgabe etwa 340/50 Jahre dauert.

Goethe hat in seinem Märchen von der grünen Schlange und der schönen Lilie imaginativ das Wesen dieses kosmischen Kultus geschaut und in Worte gefasst. Sein Märchen macht im Bilde deutlich, dass das Gute nur geschehen kann, wenn sich alle Kräfte positiv in den Dienst der Entwicklung des Menschen und der Menschheit stellen. Die diesbezüglichen Kerngedanken werden von dem *Alten mit der Lampe* so formuliert: „Ein Einzelner hilft nicht, sondern wer sich mit vielen zur rechten Stunde vereinigt." Und gegen Ende sagt er: „Drei sind, die da herrschen auf Erden: die Weisheit, der Schein und die Gewalt." Da widerspricht ihm der Jüngling und sagt: „Du hast die vierte Kraft vergessen, die noch früher, allgemeiner, gewisser die Welt beherrscht, die Kraft der Liebe!" Der Alte aber sagt dazu lächelnd: „Die Liebe herrscht nicht, aber sie bildet und das ist mehr."

Die von Rudolf Steiner auf der Weihnachtstagung begründete Michael-Schule sollte drei Klassen haben. Die erste konnte Rudolf Steiner noch einrichten – sie beschreibt den Weg der modernen Menschheit zum bewussten Stehen an der Schwelle zur geistigen Welt und die Dramatik des Schwellenübertritts.

Elemente der zweiten Klasse kann man aus Rudolf Steiners Briefen an die Mitglieder entnehmen, in denen er nicht müde wird die Mitglieder zum harmonischen Zusammenwirken aufzurufen, dazu, sich für einander zu interessieren, aneinander aufzuwachen und initiativ zu werden und die Anthroposophie in einer Weise zu vertreten, die von den Zeitgenossen verstanden werden kann. Man ahnt hier die Inspiration des kosmischen Kultus im Hintergrund. Nehmen die tätig sein wollenden Mitglieder diese Aufgabe ernst „so kann im Arbeiten der tätig sein wollenden Mitglieder die Anthroposophische Gesellschaft zu einer echten Vorschule der Eingeweihten-Schule werden. Auf dieses wollte die Weihnachtstagung kräftig hinweisen; und wer diese Tagung richtig versteht, wird mit diesem Hinweisen fortfahren, bis ein genügendes Verständnis dafür der Gesellschaft wieder neue Aufgaben bringen kann." (Mitglieder-Brief vom 13. Juli 1924).

Elemente der dritten Klasse finden sich in den Michael-Briefen (GA 26). Manches darin ist so formuliert, dass es aus einem Michael-Kultus stammen könnte, in dem sich eine Gemeinschaft von Menschen dem Dienst an der Menschheitsentwicklung weiht. Dass dies das zentrale Anliegen der Weihnachtstagung gewesen ist, wird auch in der Ansprache deutlich, die Rudolf Steiner am 28. September 1924 für die Mitglieder gehalten hat (GA 238), bevor er sich endgültig auf das Krankenlager zurückziehen musste. Diese Ausführungen münden in einer Michael-Imagination, in der die Quintessenz der anthroposophischen Bewegung und der Menschengemeinschaft, die sich ihr auf der Erde widmen will, zusammengefasst ist.

Die finale handschriftliche Fassung dieser Imagination entstand kurz vor Rudolf Steiners Tod im Zusammenhang mit den von ihm entworfenen Formen für eine eurythmische Darstellung des Spruches. Am 12. April 1925, dem Ostersonntag nach Rudolf Steiners Tod, kam sie erstmals eurythmisch in der Goetheanum-Schreinerei zur Darstellung.

Michael-Imagination

Sonnenmächten Entsprossene,
Leuchtende, Welten begnadende
Geistesmächte; zu Michaels Strahlenkleid
Seid ihr vorbestimmt vom Götterdenken.

Er, der Christusbote, weist in euch
Menschentragenden, heil'gen Welten-Willen;
Ihr, die hellen Ätherwelten-Wesen,
Trägt das Christuswort zum Menschen.

So erscheint der Christuskünder
Den erharrenden, durstenden Seelen;

Ihnen strahlet euer Leuchte-Wort
In des Geistesmenschen Weltenzeit.

Ihr, der Geist-Erkenntnis Schüler,
Nehmet Michaels weises Winken,
Nehmt des Welten-Willens Liebe-Wort
In der Seelen Höhenziele wirksam auf.

Solche Ausführungen stimmen einen ehrfürchtig. Sie rufen auf zum Studium, zum Nachfragen – aber sie erzeugen auch die Sehnsucht: Wo findet man denn gemeinschaftliches Zusammenwirken, in dem eine solche Stimmung, wo solche Arbeitsziele wirklich leben? Das ist doch nicht unbedingt nur in den Zusammenhängen der Anthroposophischen Gesellschaft der Fall – ja es wird ja sogar beklagt, dass man sie dort oft gerade nicht findet! Sondern eher in vertrauensvollen kleinen anthroposophisch arbeitenden Menschengemeinschaften und das eben auch unabhängig von der Anthroposophischen Gesellschaft.

Daher noch einmal die Frage: Hat sich seit dem Tode Rudolf Steiners und dem Zweiten Weltkrieg, infolge der Kämpfe und Konflikte innerhalb der Anthroposophischen Gesell-

schaft nicht doch manches geändert? Ist nicht die Anthroposophie jetzt nach 100 Jahren in der Welt? Zeigt sie nicht auf den verschiedensten Lebensgebieten ihre Fruchtbarkeit auch ganz unabhängig davon, ob die jeweiligen MitarbeiterInnen an die AG bzw. eine Hochschulsektion angeschlossen sind? Reicht nicht der Interessentenkreis für diese Früchte der Anthroposophie weit über die Anthroposophische Gesellschaft hinaus? Warum meinst Du denn, dass es sie *auch heute* – 100 Jahre nach dieser Weihnachtstagung – notwendigerweise noch braucht? Ganz abgesehen davon, dass die Sektionen ja längst nicht mit allen Einrichtungen ihres Lebens- bzw. Berufsfeldes in enger Zusammenarbeit stehen?

Hier beginnt aus meiner Sicht die Schicksalsfrage in den Vordergrund zu kommen. Wenn es nur um mich geht, um mein Interesse für die Anthroposophie, um meinen Arbeitskreis, indem ich mich mit den Menschen treffe, mit denen ich gerne zusammen arbeiten will – dafür brauche ich selbstverständlich keine Anthroposophische Gesellschaft. Das entspricht ja auch dem heutigen Zeitgeist, wo man sich nur ungern sozial bindet oder sonstwie verpflichtet. Das Leben fordert ohnehin viel – das Private gewinnt zunehmend an Bedeutung, und man meidet jede weitere unnötige Belastung.

Da steht der Impuls, den Marie Steiner in ihrer Einleitung zur Buchausgabe der Weihnachtstagung beschreibt, selbstverständlich im krassen Gegensatz dazu: verschiedenen Menschheitsströmungen ein harmonisches Zusammenwirken zu ermöglichen. Warum ist aber gerade dieses so wichtig? Weil alle Ursachen für Krieg, Streit, Spaltung, sozialen Unfrieden gerade in diesen persönlichen Differenzen, den unterschiedlichen karmischen Strömungen und verschiedenen geistig- kulturellen Ausrichtungen ihre Ursache haben. Wer sich für sozialen Frieden interessiert, ja für die Frage: welche Entwicklungsbedingungen in Erziehung und Selbsterziehung braucht es, damit die christliche Weihnachtsbotschaft realisiert werden kann: *Offenbarung aus den Höhen und Friede auf Erden den Menschen, die eines guten Willens sind.* Wer sich dafür interessiert, kann nicht umhin, nach Bedingungen zu suchen, wo solche Friedensfähigkeit gelernt und geübt werden kann. Das geht nur in verbindlichen Gemeinschaften, wo man nicht wegläuft, wenn es schwierig wird, sondern sich entwickelt, indem man lernt, die Schwierigkeiten zu überwinden.

Mit dieser Frage steht man aber mitten in unserer Gegenwart darin, die nach zwei Weltkriegen im 20. Jahrhundert auch jetzt im 21. Jahrhundert in nur schwer erträglicher Weise von Krieg, Streit, Korruption und Machtmissbrauch vielerorts gekennzeichnet ist – Tendenz steigend. Da kann es schon begeistern - wenn man die Frage nach der Friedensfähigkeit und der dafür nötigen Sozialkompetenz hat – sich klar zu machen, dass man dies besonders gut in den Arbeitszusammenhängen von AG und der Hochschule lernen kann! Im vertrauten Freundeskreis geht dies eher nicht. Wohl aber „unter schwierigen Menschen" oder zumindest solchen, die anders sind als wir selbst und die wir uns nicht spontan zu Freunden wählen.

Ein anderes ist aber ebenso klar und real: Bis heute gab und gibt es weltweit Menschen, die das Goetheanum und seine Sektionen lieben und – auch unter schwierigen finanziellen Verhältnissen – am Leben gehalten haben. So lebt es als Wahrzeichen der Anthroposophie und als inzwischen auch – nicht nur unter Architekten – international bekanntes Bauwerk und Zentrum der anthroposophischen Bewegung.

Was einzelne Menschen leisten, ist an ihr Schicksal und ihre Lebens-und Arbeitszeit gebunden. Was eine Institution leistet, hat eine andere Art der Wirksamkeit und historische Kontinuität – hier spielt schon Überindividuelles herein, eine soziale Leiblichkeit für ein höheres Wesen als es der individuelle Mensch ist. Denn jeder Institution verbindet sich ein diese führender Gruppengeist und damit verbunden auch mögliche Doppelgänger-Qualitäten.

So gibt es auch den guten Geist des Goetheanum, aber auch luziferische und ahrimanische Doppelgänger-Qualitäten, die den guten Geist des Goetheanum in seiner Wirksamkeit behindern. Rudolf Steiner charakterisiert diese Qualitäten in den Statuten der Weihnachtstagung in Form von Dogmatik, Sektierertum und politischen Bestrebungen. Eine christliche Mysterienstätte, wie es das Goetheanum sein will, muss der Auseinandersetzung mit dem Bösen offenstehen. Ja Steiner nennt eindrücklich das esoterische Entwicklungsgeheimnis unserer gegenwärtigen fünften Kulturepoche der Bewusstseinsseele „das Geheimnis des Bösen".

Davon handelt auch der meditative Weg in der Hochschule. Er zeigt den Gang der Menschheit durch die Auseinandersetzung mit dem Bösen in Form von Selbsterkenntnis und Selbstüberwindung hin zur Schwelle der geistigen Welt. Er macht deutlich, welche Qualitäten es braucht, um diese Schwelle zu überschreiten, so dass ein bewusstes Zusammenwirken mit der Welt der Hierarchien möglich werden kann. Dieser Weg ist zugleich der Weg zum Tempel in der geistigen Welt, damit Leben und Arbeit von dorther inspiriert werden können.

Sich dieser Gesellschaft und ihrer Hochschule bewusst anzuschließen stärkt den menschlichen Zusammenhang, den Rudolf Steiner und seine MitarbeiterInnen zusammen mit den 700 bis 800 anwesenden Mitgliedern vor 100 Jahren begründet haben. Steiner nennt die Versammlung dieser Persönlichkeiten im Weihnachtsstatut den „Grundstock" des neuen Arbeitszusammenhangs. An diesen Grundstock haben sich seither jedes Jahr immer wieder neu Menschen angeschlossen.

Im Laufe der Jahrzehnte ist jedoch auch die Gemeinschaft der verstorbenen Mitglieder gewachsen, die mit ihrem Erdenwirken verbunden bleiben und uns Lebende ebenfalls inspirieren können. Es ist eine wachsende weltweite Gemeinschaft, die Menschen aller Kulturen und Glaubensrichtungen umfasst. In der AG gibt es Schintoisten, Hinduisten, Buddhisten, Menschen jüdischen Glaubens, Muslime, Materialisten, Christen der verschiedensten Bekenntnisse und viel anderes mehr. Sie alle lernen durch die Anthroposophie ihre eigene spirituelle Ausrichtung besser kennen. Dadurch, dass die Anthroposophie keine Glaubensrichtung ist, sondern vielmehr ein Weg, andere Menschen und ihre Orientierungen zu verstehen und dadurch in der eigenen Selbsterkenntnis weiterzukommen, kann sie dieses Wunder vollbringen: Frieden zu stiften durch gegenseitiges Verstehen.

Trotzdem: Dieser Gesellschaft haftet doch nach wie vor sehr viel Sektiererisches und immer wieder auffällig Dogmatisches an. Und ihre Mitglieder reden oft unverständlich und machen einen rückwärtsgewandten Eindruck. Behindern nicht gerade diese Mitglieder eine fortschrittliche Ausbreitung

der anthroposophischen Impulse? Und: Wenn – frei nach Joseph Beuys – die Mysterien heute auch am Hauptbahnhof stattfinden können, warum braucht es denn dann überhaupt noch den aufwändigen Erhalt des Goetheanum in Dornach und die Pflege der von Rudolf Steiner und seinen MitarbeiterInnen veranlagten sozialen Formen und Arbeitsweisen? Muss das Arbeiten aus Anthroposophie nicht ganz in die Freiheit der Menschen gestellt sein?

Auch wenn man das alles so sehen kann – so bleibt doch die Frage, an welche Adresse man sich wenden kann, wenn die Gesellschaft sich auflösen würde? Wenn es weder Website, Sekretariat noch Telefonnummer geben würde, das Goetheanum Insolvenz anmelden und als solches verschwinden würde – wem wäre damit gedient? Glaubst Du wirklich, dass dies den anthroposophischen Kulturimpulsen helfen würde? Kann man die von Dir beschriebene Problematik nicht auch als Aufforderung verstehen, mitzuhelfen, dass diese negativen Erscheinungsformen weniger werden? Ist nicht auch unter Anthroposophen das Negative, Destruktive dazu da, für das Positive, Konstruktive immer wacher zu werden? Warum laufen wir weg, wenn es schwierig wird, anstatt uns anzustrengen? Auch Rudolf Steiner hat mit den Menschen gearbeitet, die da waren – auch er konnte sich nicht idealere Mitglieder suchen. Jedes Mitglied in der Anthroposophischen Gesellschaft und der Hochschule hat die Möglichkeit, Gesellschaft und Hochschule in ansprechender Weise zu repräsentieren. Je mehr sie dies einsehen und es so gut sie können üben – umso besser wird es der Gesamtbewegung gehen.

Mich würde interessieren, warum die Verantwortlichen in dieser Gesellschaft solche Mühe haben, das sogenannte Konstitutionsproblem zu lösen. Jetzt – nach 100 Jahren – ist nach vielen vergeblichen Diskussionen und Versuchen einschließlich unangenehmer Rechtsstreitigkeiten wieder ein neuer Versuch im Gang, möglichst „ein für alle Mal" dieses Problem zu lösen. Es ist doch schwer verständlich, dass eine Gesellschaft 100 Jahre existiert und über ihre geistige, rechtliche und ökonomische Identität so verschiedene Auffassungen herrschen.

Ja, das scheint in der Tat absurd! Wodurch aber ist diese Problematik entstanden? Wer hat diesen psychosozialen Krankheitskeim erdacht und ihm zu solcher Virulenz verholfen, dass er bis heute die Gemüter verwirrt? Es ist dies bis heute – soweit ich weiß – nicht wirklich klar. Manche meinen, dass es Menschen im Umkreis von Lothar-Arno Wilke waren, die das Misstrauen säten – ohne dafür konkrete Dokumente vorweisen zu können. Sie haben angezweifelt, dass mit der Eintragung der AAG am 8. Februar 1925 in das Handelsregister etwas geschehen sei, was Rudolf Steiners erklärtem Willen entsprach – obwohl er selber das Dokument handschriftlich unterschrieben hat. (GA 260a, S. 566). Gesichert aber ist und durch Dokumente belegt, dass Steiner eine „einheitliche Konstituierung" der zu Weihnachten begründeten Gesellschaft anstrebte. Zum einen wollte er diese neu begründete Gesellschaft handelsregisterlich eintragen (GA 260a, S. 503). Zum anderen wollte er die bereits entstanden Rechtsgebilde, die AG im engeren Sinn, das Klinisch-Therapeutische Institut, den Verein des Goetheanum der freien Hochschule für Geisteswissenschaft/„Bauverein" und den Philosophisch-Anthroposophischen Verlag in eine unmittelbare „Relation" mit der AAG bringen (GA 260a, S. 504f. und GA 260, S. 110).

Dies aber erwies sich bürokratisch als schwierig: die Versicherungsgelder infolge des Brandes des ersten Goetheanum gehörten dem Bauverein. Ein Transfer auf die zu Weihnachten gegründete Gesellschaft hätte eine, hohe Handänderungssteuer verursacht. Auch machten die Behörden Änderungsvorschläge bezüglich einiger Formulierungen im Weihnachtsstatut, um es eintragungsfähig zu machen. Da dies aber von den Mitgliedern so verabschiedet worden war, konnte und wollte es Steiner im Nachhinein nicht ändern. So war es eine *sinnvolle pragmatische Lösung*, am 8. Februar 1925 auf einer außerordentlichen Generalversammlung den Bauverein in „Allgemeine Anthroposophische Gesellschaft" umzubenennen. Um dem auch menschlich real zu entsprechen, wurde eine Personalunion hergestellt zwischen dem an Weihnachten gewählten Vorstand bestehend aus Rudolf Steiner, Marie Steiner, Ita Wegman, Günter Wachsmuth, Elisabeth Vreede und Albert Steffen und dem Vorstand der am 8. Februar in das Handelsregister eingetragenen AAG, in dem der Vorstand des Bauvereins geschlossen zurücktrat. Die Statuten des Bauvereins – jetzt AAG – wurden so geändert, dass innerhalb dieses Vereins die rechtliche Handlungsfähigkeit der genannten Institutionen gewährleistet war: Innerhalb dieser AAG wurde der bisherige Bauverein und seine Funktion umbenannt in *die Administration des Goetheanum-Baus*. Die Administration der AG in Anknüpfung an 1912/13 bekam als Unterabteilung die Bezeichnung *die Administration der Anthroposophischen Gesellschaft*, Klinik und Verlag wurden zu weiteren Unterabteilungen.

Das Ganze aber trug jetzt in der von Steiner gewünschten „einheitlichen Konstituierung" den Namen der zu Weihnachten neu begründeten AAG. Entsprechend lautet der Schlussabsatz des Berichtes des Vorstandes über die Versammlung vom 8. Februar 1925 im Nachrichtenblatt vom 22. März 1925 – noch von Steiner auf dem Krankenlager gelesen und autorisiert: „Durch die nunmehr vollzogene Eingliederung dieser Institutionen in den Gesamtorganismus der Allgemeinen Anthroposophischen Gesellschaft wird der Geist der anthroposophischen Bewegung in diesen vier Strömungen, die aus ihr hervorgegangen sind, in einheitlicher Kraft dauernd wirksam sein." (GA 260a S.571) Die gewünschte Relation zu dem bisher Entstandenen konnte auf diese Weise realisiert werden und die damit gewünschte Handlungsfreiheit für den Vorstand bezüglich der anthroposophischen Bewegung und Gesellschaft bis in die finanziellen und rechtlichen Belange hinein.

Nach dem Tod Rudolf Steiners am 30. März 1925 wurde diese Lösung beibehalten, ihr Geist aber unterschiedlich verstanden und interpretiert, wozu das oben erwähnte Misstrauen entschieden beitrug. So wurden auch Ideen der Dreigliederung mit dem Weihnachtsimpuls in Verbindung gebracht. Manche sehen die geistige Arbeit auf dem Boden der Statuten der Weihnachtstagung angesiedelt, das Rechtliche, Wirtschaftliche, Administrative wird hingegen dem umgewandelten Bauverein zugeordnet. So gab es auch immer wieder Anträge, die Statuten in dieser oder jener Richtung zu verändern.

Das aber zog wiederum neue konstitutionelle Fragestellungen nach sich, so dass sich aus der Differenz zwischen den handelsregisterlich eingetragenen Statuten und den ideell verbindlichen Weihnachtstagungsstatuten weitere – „hausgemachte" – Konstitutionsprobleme ergeben haben, die ebenfalls immer wieder zu Diskussionen Anlass gaben und geben. Auch haben Tendenzen in einzelnen Mitgliederkreisen zugenommen, den inzwischen eher demokratischen Charakter des Bauvereins mit entsprechenden Mitgliederrechten „als oberstes Organ" zur verbindlichen Arbeitsweise der AAG zu machen und in dieser Richtung für das 21. Jahrhundert an einem neuen Statutenentwurf zu arbeiten, der den Bedürfnissen der Mitglieder in der heutigen Zeit stärker gerecht würde.

Wie stehst du zu diesen Bestrebungen? Ist nicht die Art und Weise, wie die Leitung von AAG und AG in Dornach sich in den vergangenen Jahrzehnten betätigt hat, sehr undemokratisch-„pyramidal"   gewesen? Muss da nicht ein Kulturwandel stattfinden in der Zusammenarbeit zwischen Vorstand und Mitgliedschaft?

Der Kulturwandel im Umgang miteinander ist tatsächlich ein dringendes Erfordernis. Das haben aber auch die Vorstände und Sektionsleiter am Goetheanum gemerkt – bis in ihr eigenes Miteinander herein. Als ich beispielsweise 1988 ans Goetheanum kam, konnte man als Sektionsleiter in seiner eigenen Sektion frei schalten und walten – vorausgesetzt, man konnte sich auch die dafür nötigen finanziellen Mittel beschaffen. Ansonsten hatte man aber bezüglich dessen, was am Goetheanum geschah und von ihm ausging nichts zu sagen. Sektionsleiter hatten allenfalls beratende Funktion in den gemeinsamen Besprechungen mit dem Vorstand am Goetheanum. Dieser fühlte sich für alle drei im Weihnachtsstatut genannten Gremien verantwortlich. Er empfand sich als Goetheanum-Leitung, als Vorstand der AAG/AG und Leitung der Hochschule in der Endverantwortung. Es war dann ein kontinuierlicher Arbeitsprozess über die Jahre bis 2012, dass die Einsicht wuchs, dass dies zu ändern ist. Dass der Geist der Weihnachtstagung etwas anderes sagt. So haben wir heute eine verantwortliche Goetheanum-Leitung, in der die Vorstände der Gesellschaft und die Leiter der Sektionen am runden Tisch sitzen und alle Entscheidungen nach gründlicher Beratung gemeinsam fällen, die das Ganze der AAG betreffen einschließlich der Personalentscheidungen für die Leitungsaufgaben. Der Vorstand vertritt nun im Sinne des Weihnachtsstatuts die Goetheanum-Leitung in der Mitgliedschaft der Gesellschaft - *ist* sie aber nicht. Das von Rudolf Steiner während der Weihnachtstagung als Direktorium/Kollegium der Hochschule benannte dritte Gremium, dem auch die Sektionsleiter angehören, die nicht im Vorstand sind, gibt es als eigenständige Hochschulleitung gegenwärtig noch nicht. Es kann dies aber jederzeit – bei entsprechendem Willen der Sektionsleiter und innerhalb der Goetheanum-Leitung auf den Weg gebracht werden. Dieser grundlegende Kulturwandel am Goetheanum ist jedoch noch nicht zureichend von der weltweiten Mitgliedschaft wahrgenommen worden, weswegen mancherorts noch die alten pyramidalen Bilder figurieren.

Wären dann aber nicht gerade auch eine moderne demokratische Struktur und Arbeitsformen innerhalb der Anthroposophischen Gesellschaft wünschenswert? Dass sozusagen die Mitgliedschaft auf Augenhöhe mit dem Vorstand verhandelt? Und dass sie ihn auch jederzeit abwählen kann?

Das Gute ist ja, dass jedes Land, jeder Zweig „seine" anthroposophische Gesellschaft so demokratisch gestalten kann, wie man dies möchte. Für die AAG hingegen hat Rudolf Steiner kein demokratisches Modell gewählt und das auch klar begründet. Der Geist einer demokratischen Mitgliedergesellschaft ist ein anderer als der auf der Weihnachtstagung in den Statuten beschriebene. D.h. aber nicht, dass es das Weihnachtsstatut nicht zulassen würde, dem Vorstand auf der Jahresmitgliederversammlung nach seinem Rechenschaftsbericht die Entlastung zu verweigern und ihn damit arbeitsunfähig zu machen, wenn die notwendige Vertrauensgrundlage für die Zusammenarbeit erschüttert ist. Dazu braucht es nur wache mitdenkende und mitgestalten wollende Mitglieder. Um einer solchen aktiven Zusammenarbeit den Boden zu bereiten, wäre aber ein Kulturwandel der Jahresmitgliederversammlungen der Weltgesellschaft am Goetheanum notwendig. Eine vertrauensvolle Zusammenarbeit kann nur entstehen, wenn man sich ausführlich über die Arbeit und die gemeinsamen Anliegen und Aufgaben verständigen kann. Das ist jedoch bisher bei den Mitgliederversammlungen am Goetheanum nur sehr eingeschränkt der Fall. Jeder, der dort einmal eine Mitgliederversammlung erlebt hat, hat auch gemerkt, wie ungesund es ist, wenn von den derzeit über 40.000 Mitgliedern weltweit jeder nach eigenem Wunsch einen Antrag stellen kann mit dem Anspruch, dass dieser dann auch behandelt wird. Anstatt dass man sich aus aller Welt mit den Vorständen und Delegierten aus den Ländern und dem Vorstand und den Sektionsleitern am Goetheanum über das Wohl und Wehe der anthroposophischen Bewegung intensiv verständigt und an wichtigen aktuellen Fragen arbeitet, geht der größte Teil der Zeit einer solchen Mitgliederversammlung mit der Diskussion über Anträge dahin, die in der Regel nur ganz wenige interessieren und wo die Mehrheit gar nicht in der Lage ist, den Sachverhalt zu beurteilen.

Wer den Geist der Statuten der Weihnachtstagung kennt, bemerkt sofort, dass dieser auf den Jahresmitgliederversammlungen der AAG/AG nur sehr eingeschränkt zu finden ist. Ganz abgesehen davon, dass aus dem Gang der Weihnachtstagung klar hervorgeht, dass es sich bei der Jahresmitgliederversammlung am Goetheanum um eine Delegiertentagung der Landes- und Gruppenverantwortlichen handeln sollte, bei der – so wie an der Weihnachtstagung von 1923/24 – auch interessierte Mitglieder teilnehmen können. Entsprechend lautet auch der § 10 des Weihnachtsstatuts so (Hervorhebungen M.G.):

„Die Anthroposophische Gesellschaft hält jedes Jahr im Goetheanum eine ordentliche Jahresversammlung ab, in der von dem Vorstande ein vollständiger Rechenschaftsbericht gegeben wird. Die Tagesordnung an dieser Versammlung wird mit der Einladung an alle Mitglieder sechs Wo-chen vor der Tagung von dem Vorstande be-kannt gegeben. **Außerordentliche Versammlungen** kann der Vorstand berufen und für sie die Tagesordnung festsetzen. Er soll drei Wo-chen vorher die Einladungen an die Mitglieder versenden. **Anträge von einzelnen Mitgliedern oder Gruppen von solchen sind eine Woche vor der Tagung einzusenden.**"

Wer den Paragrafen genau liest – und ich habe dies auch mit einem Schweizer Rechtsanwalt besprochen – dem ist klar, dass einzelne Mitglieder oder Gruppen nur bei außerordentlichen Versammlungen Anträge einreichen können. Dies wurde noch im Statut vom 8. Februar 1925 so beibehalten, hat sich aber seither geändert, so dass schon seit Jahrzehnten jedes Mitglied bei jeder Jahresversammlung die Möglichkeit bekommen hat, einen Antrag zu stellen – mit den bereits genannten Konsequenzen.

**Ehrlich gesagt: diese Konstitutionsproble-
matik ist unerträglich komplex, kompliziert
und eine Sache für Spezialisten. Du sagst ja
selber, dass man sich als Mitglied an den
Impuls der Weihnachtstagung anschließt
oder aber dieser Gesellschaft den Rücken
kehrt. Wieso kann man dieser fruchtlosen
Diskussion nicht ein Ende bereiten?**

Auf Initiative von Justus Wittich, Vorstandsmit-
glied der Allgemeinen Anthroposophischen
Gesellschaft, Gerald Häfner, Leiter der Sozial-
wissenschaftlichen Sektion der Freien Hochschule und Michael Schmock, Vorstand der
Anthroposophischen Gesellschaft in Deutschland, wurde auf der Jahresmitgliederversammlung 2019 im Hinblick auf 100 Jahre Weihnachtstagung eine mögliche definitive
Aufarbeitung angekündigt. Anlass war die
Tatsache, dass es wieder eine neue Mitgliedergruppe gab, die sich diesbezüglich engagierte
und sich aktiv an der Aufarbeitung der
Konstitutionsfrage beteiligen wollte. Siehe:
http://www.sozialimpuls.info/Statutenneufassu
ng-AAG.pdf
https://goetheanum.ch/de/nachrichten/kolloq
uien-zur-konstitutionsfrage

Worauf gründet sich die Hoffnung, dass es dieses Mal gelingen wird? Es wurde ja schon einmal – um die Jahrhundertwende – mit großem Aufwand (auch finanziell-juristisch) und großer Mitgliedermehrheit ein definitiver Klärungsversuch unternommen, in dem man beide Vereine – die „Weihnachtstagungsgesellschaft" und den „Bauverein" – erst einmal wieder trennte und dann neu in Beziehung setzte. Diese Lösung wurde dann aber von einer kleinen Mitgliedergruppe juristisch angefochten – mit Erfolg. Denn nach Schweizer Recht geschah am 8. Februar 1925 ein normaler Vorgang „konkludenten Verhaltens", der bis heute rechtskräftig ist. D.h. die beiden Vereine handelten in beidseitigem Einvernehmen und wurden so juristisch *ein* Verein. Dass diesem Rechtsvorgang auch der Geist der Weihnachtstagung entsprach, war für Rudolf Steiner am 8. Februar keine Frage. Wohl aber für einzelne – laute – Mitglieder, die ihr eigenes Verständnis von Esoterik und Dreigliederung in der von Steiner unterschriebenen pragmatischen Lösung des Konstitutionsproblems gefährdet sahen. So etwas kann doch jederzeit

wieder geschehen! Jetzt z.B. geht es um den Wunsch nach mehr demokratischen Mitgliederrechten in der AAG.

Da ich die Konstitutionsproblematik seit Ende der Sechzigerjahre mitverfolgt habe, weiß ich – leider - dass Du Recht hast. Das Konstitutionsproblem lässt sich auch durch noch so viele Diskussionen und Abstimmungen nicht „ein für alle Mal" lösen. Es ist vielmehr eine Einsichtsfrage und eine Willensfrage, ob man sich dem Ereignis der Weihnachtstagung geistig anschließen kann. Und: ob man bereit ist, Rudolf Steiners pragmatisch-lebensgemäßere Lösung vom 8. Februar als von ihm gewollt und real mitvollzogen akzeptieren kann. Ich teile das Misstrauen nicht, dass letztlich für die gesamte Konstitutionsproblematik den Boden bereitet hat und bis heute verhindert, sich geistig, rechtlich und wirtschaftlich-sozial im Sinne der im Weihnachtsstatut veranlagten Arbeitsweise zu verhalten.

Ich bin aber sicher, dass dies jederzeit möglich ist, wenn bei den Verantwortlichen Einsicht und Wille in diese Richtung vorhanden sind. Die große Mehrheit der Mitglieder würde einen solchen Schritt begrüßen, und ich bin zuversichtlich, dass dies auch im 21. Jahrhundert gelingen wird.

Auch wenn es nervt: Rudolf Steiner hat doch in den Statuten klar zum Ausdruck gebracht, dass er seinen eventuellen Nachfolger ernennen würde – das hat er aber zeitlebens nicht gemacht! Wie siehst du das?

Das ist so – er schreibt in den Statuten, dass die *Einrichtung* der Hochschule ihm obliege. Dafür hat er keinen Nachfolger benannt – wohl aber Mitarbeiter und Mitarbeiterinnen! Die *Leitung* der Hochschule und damit auch – wie oben schon gesagt – der anthroposophischen Bewegung hat er bereits während der Weihnachtstagung an das Kollegium der Sektionsleiter bzw. die Leitung des Goetheanum delegiert, deren Teil er war. Deshalb sagt er ja auch, als er die Leiterinnen und Leiter der einzelnen Sektionen vorstellt, dass er die jeweilige Sektion durch sie leiten würde. Z.B. bei der Vorstellung Marie Steiners als Sektionsleiterin: „Dieses Gebiet werde ich leiten durch die Leiterin Frau Dr. Steiner." Ebenso bei der Vorstellung von Elisabeth Vreede, Ita Wegman und Edith Maryon. Bei Albert Steffen und Günther

Wachsmuth formuliert er sein Vertrauen, dass sie die Leitung im Sinne der Aufgabenstellung übernehmen werden.

Eine ganz andere Frage ist für mich aber etwas, was ich immer wieder gehört habe: Die Aufgabe der Anthroposophischen Gesellschaft sei es, die sechste Kulturepoche vorzubereiten. Haben wir nicht genug zu tun die Probleme der Gegenwart zu bewältigen?

Von Goethe stammt die schöne Maxime:

Wer nicht von dreitausend Jahren
Sich weiß Rechenschaft zu geben,
Bleib im Dunkeln unerfahren,
Mag von Tag zu Tage leben.

In seinen frühen esoterischen Vorträgen hat Steiner verschiedentlich den Gang durch die nachatlantischen Kulturepochen in Form von sieben Entwicklungsgeheimnissen charakterisiert. Geht man dem nach, so wird bald deutlich, dass es sich bei diesen Entwicklungsgeheimnissen um wichtige Schritte menschlicher Individualisierung handelt. Interessant ist auch, dass die durchschnittliche Dauer einer Kulturepoche genau einem Zwölftel des sogenannten platonischen Weltenjahres entspricht, über das Steiner noch bis in seine letzte Vortragstätigkeit in September 1924 immer und immer wieder vor Mitgliedern und Fachleuten gesprochen hat. So zuletzt in seinem Kursus für Priester und Ärzte, in dem er das platonischen Weltenjahr den „Weltenuterus" nennt (GA 318, S. 139), Darin erlebt sich das Ich atmend in seinem individuellen Menschenleben auf der Erde: Durchschnittlich atmet der Mensch 18-mal pro Minute. Multipliziert man dies mit 60 so hat man die Anzahl der Atemzüge in der Stunde und mit 24 multipliziert ergibt dies in 24 Stunden 25.920 Atemzüge. Der Zeitraum von 25.920 Jahren aber entspricht der Dauer der Wanderung des Frühlingspunktes der Sonne durch den gesamten Tierkreis und zugleich auch der Nutationsbewegung der Erdachse. (Weiteres dazu siehe: https://vom-wesen-der-zahlen.org/wp-content/uploads/2023/05/2023-05-24_16-40-11-293.pdf).

Der zwölfte Teil ist so gesehen ein Weltenmonat: 2160 Jahre. Dieser Zeitraum entspricht der von Steiner angegebenen mittleren Dauer einer Kulturepoche. Den Beginn der fünften Kulturepoche im Jahr 1413 nennt er präzise, ebenso den Beginn der vierten Kulturepoche 747 v. Chr., sodass man sich von hier aus zurück und nach vorne zeitlich orientieren kann.

Steiner nennt das Entwicklungsgeheimnis der urindischen Kulturepoche das „Geheimnis des Abgrundes". Es handelte sich hier um die Erfahrung, die sich erstmals für das Bewusstsein der Menschen auftut: zwischen der Sinneswelt und der Geisteswelt unterscheiden zu lernen. Die Menschen lernten, die sich den Sinnen darbietende oberflächliche Wahrnehmung der Dinge als Maya, als Sinnesschleier zu begreifen, in denen sich die schaffende Realität des Geistes manifestiert. Seither ist dies bis in die Gegenwart ein philosophisches Problem ersten Ranges. Goethe hat diesen Abgrund in seiner anschauenden Urteilkraft erstmals wieder bewusst überwunden.

In der persischen Kulturepoche waltete das „Geheimnis der Zahl". Jetzt wird gerechnet, gewogen, Land vermessen, geometrisiert – das Individuum eroberte sich den Gebrauch des bewussten Denkens und dessen Anwendung auf die Sinneswelt. Die Zeit der Sesshaftigkeit und des Ackerbaus beginnt.

Die ägyptisch-babylonisch-chaldäischen Kulturepoche, an welche sich das Hebräertum anschließt, stand im Zeichen des „Geheimnisses der Alchemie". Die kurative Medizin nahm hier ihren Anfang, die Substanzerkenntnis, aber auch das bewusste Erleben „der Alchemie der Seele": das Gefühlsleben wurde zunehmend individuell erlebt und erlitten. Dabei war das Erlebnis persönlicher Schuld sicher das stärkste individuell-einsam erlebte Gefühl. Die Lehre vom Sündenfall hat hier ihren historisch- zeitlichen Ort.

In der griechisch-lateinischen Kulturepoche ging es um das „Geheimnis des Todes" und damit um die Frage, was habe ich mit dem zu tun, was ich auf der Erde getan habe? Wirkt etwas von mir in meinen Taten fort, haben die Konsequenzen meiner Taten etwas mit mir zu tun? Die Frage nach der Unsterblichkeit der Seele bekommt eine neue Dimension: Es individualisiert sich der Wille, das Bewusstsein für die Verantwortung, die jeder für das hat, was er tut und getan hat.

Was aber individualisiert sich in der fünften nachatlantischen Kulturepoche in der – wie schon erwähnt – das „Geheimnis des Bösen" waltet? Jetzt ist es das Ich selbst, das sich aus den Gruppenidentitäten von Tradition, Familie, Volks-und Berufszusammenhang langsam herauslöst und individualisiert. Mit diesem Prozess steht die Menschheit seit dem 15. Jahrhundert immer noch ziemlich am Anfang – das zeigt nicht zuletzt auch die Frauenfrage. Denn selbst während der französischen Revolution wurde krass deutlich, dass die proklamierten Ideale *Freiheit, Gleichheit und Brüderlichkeit* nur für die männliche Welt gelten sollten. Als Frauen versuchten, ebenfalls ein Nationalkomitee zu begründen, um diese drei Ideale der Aufklärung auch für die weibliche Menschheit zu proklamieren, endete dieser Versuch schmählich unter der Guillotine.

Mit diesem Individualisierungsprozess des Ich sind aber auch alle Formen des Missbrauchs von Freiheit und Autonomie verbunden – weswegen Machtmissbrauch, Selbstüberschätzung, Korruption, Zweifel und Misstrauen mit allen schmerzhaften sozialen Konsequenzen an der Tagesordnung sind. Fünf ist nicht nur nach alter Tradition die Zahl der Krise, sondern unsere gegenwärtige Kulturepoche markiert die entscheidende Krise in der Menschheitsentwicklung von deren Bewältigung der weitere Fortgang abhängen wird. Deswegen ist die Vorausschau auf die sechste Kulturepoche geradezu entscheidend. Denn wenn sie in der Gegenwart nicht veranlagt wird, so wird sie nicht kommen!

Auch war es in früheren Zeiten immer so, dass die Eingeweihten nicht nur ihr Wissen zur Bewältigung der gegenwärtigen Kulturaufgabe einsetzten, sondern sie sahen ihre Hauptaufgabe darin, durch Initiationsrituale Fähigkeiten zu erwerben, die für die große Mehrheit der Menschen erst in der Zukunft erworben werden können. D. h. sie antizipierten die Fähigkeiten der jeweils nächsten Kulturepoche. Deswegen haben diejenigen, die in der Gegenwart sich dem Einweihungsweg auf geisteswissenschaftlicher Grundlage zuwenden, nicht nur die Aufgabe, sondern die hohe Verpflichtung, die sechste Kulturepoche vorzubereiten und die Fähigkeiten individuell und sozial auszubilden, die es dafür braucht.

In der sechsten Kulturepoche gilt das „Geheimnis des Wortes". Gegenwärtig stehen die Worte sehr oft im Dienst von Missverständnissen und Meinungsstreitigkeiten. Worte haben noch nicht die Macht, gemeinschaftsbildend zu wirken, zu trösten, zu begleiten, Wahrheiten von Mensch zu Mensch zu inspirieren. Dies wird sich aber im Laufe der nächsten Jahrhunderte und Jahrtausende entwickeln. Das Geheimnis des schöpferischen Logos, tief menschlich-wahrhaftiger Kommunikation und das, was Rudolf Steiner den Waldorflehrern so innig ans Herz gelegt hat: Wortgewissenhaftigkeit zu üben – das wird langsam Kultur werden. Es wird ein pfingstlicher Geist unter die Menschen kommen, indem man sich über die verschiedenen Sprachen hinweg durch das verständigt, was die Sprachen zum Ausdruck bringen: den in Mensch und Welt schaffenden Geist.

Dem dient der gesamte anthroposophische Schulungsweg und insbesondere auch der mantrische Weg in der Freien Hochschule für Geisteswissenschaft. Man lernt in der Selbsterkenntnis die bösen Neigungen, die antisozialen Triebe in der eigenen Seele kennen und den Willen zu entwickeln, diese zu überwinden. Rudolf Steiner führte 1913 in verschiedenen christologischen Vorträgen aus – im Jahr der Grundsteinlegung des ersten Goetheanum – der Christus selbst habe auch eine Schule. In dieser gäbe es nur einen einzigen Lehrgegenstand: die

Selbstlosigkeit. (GA 152, S. 148) Es gelten hier die *Meditationsworte die den Willen ergreifen*:

Sieghafter Geist
Durchflamme die Ohnmacht
Zaghafter Seelen.
Verbrenne die Ich-Sucht,
Entzünde das Mitleid,
Dass Selbstlosigkeit,
Der Lebensstrom der Menschheit,
Wallt als Quelle
Der geistigen Wiedergeburt.

(20. September 1919, GA 268, S.73)

Die Konstitution der Allgemeinen Anthroposophischen Gesellschaft und die drei Bedingungen zur Hochschulmitgliedschaft sind das Fundament einer solchen Vorbereitungskultur der sechsten Kulturepoche.

Das sind ja gewaltige Ideale – wird man da nicht überfordert? Wer soll denn das leisten? Ich erlebe diese Problematik auch oft im Waldorfschulzusammenhang, wo es immer schwieriger wird, Texte Steiners zu studieren. Die Ideale dieser Pädagogik wirken auf nicht wenige Menschen wie moralische

Forderungen, denen man sich nicht gewachsen fühlt. Ist dies nicht ein großes aktuelles Problem innerhalb der anthroposophischen Bewegung? Man sucht eine neue Work-Life-Balance, man will nicht immer im Dienst sein, man hat Sorge, auszubrennen.

Das stimmt! Es gab schon in den neunziger Jahren einen Bestseller von dem Psychoanalytiker Wolfgang Schmidbauer mit dem Titel „Alles oder nichts – von der Destruktivität der Ideale". Werden Ideale sozusagen als von außen kommende moralische Forderungen erlebt, im Sinne der Psychoanalyse als Über-Ich, von dem sich das werdende eigene personale Ich gemaßregelt und kontrolliert erlebt, so liegt hier ein Missbrauch des Idealismus vor. Einerseits können Ideale kollektiv missbraucht werden – wie beispielsweise durch das nationalsozialistische Hitler-Regime – um Massenhypnosen auszulösen. Zum anderen können sie dadurch missbraucht werden, dass man dem einzelnen ein schlechtes Gewissen vermittelt. Daher ist es so wichtig, ein gesundes Verhältnis zum Idealismus zu entwickeln.

Wer das Buch von Rudolf Steiner studiert, „Wie

erlangt man Erkenntnisse der höheren Welten?",
der bemerkt, dass bereits im ersten Kapitel drei
entscheidende Grundübungen und eine Lebens-
haltung charakterisiert werden. Die Lebenshal-
tung: es geht um den Pfad der Verehrung und
das Tor der Demut durch das derjenige schrei-
ten muss, der höhere Erkenntnis erlangen will.
D.h. ohne diese Grundgefühle der Verehrung
gegenüber Wahrheit und Erkenntnis und das der
Demut, durch das man sich seine eigene Ent-
wicklungsbedürftigkeit bewusst machen kann,
ist nicht viel zu erreichen. Nimmt man sie
hingegen ernst, so können die drei im ersten
Kapitel dann erläuterten Übungen eine Art
Lebensorientierung geben, an die sich dann
Weiteres anschließen kann. Zunächst geht es
darum, Augenblicke innerer Ruhe zu schaffen
und in diesen Augenblicken zu lernen, das
Wesentliche vom Unwesentlichem zu unterscheiden. Als zweites wird uns die abendliche
Rückschau auf den Tag nahe gelegt. Dort lernen
wir, uns aus der Distanz zu betrachten, uns
selbst „als ein Fremder gegenüberzustehen",
den Tag an uns vorüberziehen zu lassen, auch
mit der Frage, was ich aus dieser oder jener
Situation, in der ich mich so oder so verhalten
habe, lernen kann, um es vielleicht am kom-

menden Tag anders, besser zu machen. Man lernt so, mit sich selbst zurate zu gehen und seine eigene Entwicklung zu steuern. Das dritte ist aber, dass wir auf die Kraft der Ideale verwiesen werden: „Jede Idee die Dir zum Ideal wird, schafft in dir Lebenskräfte". Wenn ich mich mit einem Ideal verbinde, gibt mir dieses Ideal seine eigene Kraft. Ideale sind nicht nur Zukunftsperspektiven, die ihr Licht auf den Weg des gegenwärtigen Daseins werfen. Es sind auch starke Kräfte, die von geistigen Wesen ausgehen, deren Wesen dieses Ideal *ist*. So wie uns beispielsweise das Ideal der Selbstlosigkeit mit dem Christus in der ätherischen Welt verbindet.

Ein Mensch ohne Ideale ist ein Mensch ohne geistige Kraftquellen, ohne Identifikation mit seiner eigenen Zukunft, seinem eigenen Werden hin zum höheren Selbst, das nur geistig zugänglich ist. Welche Lebensideale es aber sind, mit denen wir uns identifizieren und die uns ihre Kraft schenken, das muss jeder einzelne Mensch selbst für sich entscheiden. Es sind die tiefsten Gewissens- und Entwicklungsfragen, die sich jedem von uns stellen.

So wie dieses erste Kapitel fundamental ist, um den Charakter des anthroposophischen Schulungsweges zu verstehen, so ist das fünfte Kapitel fundamental, um sein Leben so einzurichten, dass man sich nicht überfordert. In diesem fünften Kapitel werden sieben Bedingungen für eine gesunde Lebensführung beschrieben. Arbeitet man diese beispielsweise in einem Lehrerkollegium durch und bespricht sie detailliert, so kann dies dazu führen, dass ein warmes Gefühl gemeinschaftlicher Verbundenheit entsteht und vor allem eine humorvolle Grundstimmung. Je mehr jeder diese sieben Bedingungen ernst nimmt und sie für sich zu realisieren versucht, umso verständnisvoller wird das kollegiale Leben und Zusammenarbeiten.

Auch wenn dies im fünften Kapitel so nicht erwähnt wird, bemerkt jedoch jeder, der die anthroposophische Menschenkunde kennt, dass hier für jedes Wesensglied eine Pflegebedingung geschildert wird vom physischen Organismus, über den ätherischen, astralischen bis hin zur Ich-Organisation. Und dann darüber hinaus zur Pflege der heute schon keimhaft in Entwicklung begriffenen höheren Wesensglieder Geistselbst, Lebensgeist und Geistesmensch.

Dabei ist die vierte Bedingung besonders aktuell, die zum Ich bzw. der Ich -Organisation gehört:

Da dürfen wir lernen, mit Bezug auf unsere Lebensführung *unabhängig zu werden von äußerer Anerkennung!* Wir lernen, alles, was wir tun, aus uns selbst heraus zu tun und nicht weil wir müssen, weil etwas erwartet wird, weil wir jemandem gefallen wollen oder dafür Geld bekommen. Eine solche Bedingung ernst zu nehmen ist Autonomietraining pur. Es kommt dadurch aber auch mehr Wahrhaftigkeit in den sozialen Umgang miteinander, indem man eben auch lernt, nein zu sagen und Frustrationen, die sich daran anschließen können, positiv zu verarbeiten. Hat nicht jeder ein Recht, so zu denken, so zu reagieren und so zu handeln, wie es für ihn oder sie stimmt?

Wichtig ist aber auch die klare Aussage Steiners im ersten Kapitel, eine Art goldene Regel, die alle verbindet, die den Einweihungsweg ernst nehmen: „Greife in keines Menschen freien Willensentschluss ein und sprich nur, wenn du gefragt wirst." Was der Ausbreitung der anthroposophischen Bewegung bis heute – aus meiner Sicht – am meisten geschadet hat, ist, wenn über Anthroposophie in Situationen und mit Antworten gesprochen wird, wo Menschen sind, die *gar nicht* danach gefragt haben. Auch hierin war

Steiner das große Vorbild – ohne die Frage von Emil Molt und Herbert Hahn hätten wir keine Waldorfschule! Ohne die Frage Ita Wegmans keine Erneuerung der Mysterien auf der Weihnachtstagung. Rudolf Steiner hat Vieles in sich getragen, wofür die Zeit und die Menschen noch nicht reif waren, um danach fragen zu können. Deswegen ist es so wichtig, dass wir die weltweite Anthroposophen-Gemeinschaft als eine Gemeinschaft der Lebenden und Verstorbenen empfinden lernen. Dann kann Vieles in uns als Frage bewusst werden dadurch, dass wir offen sind für die Inspirationen der uns Vorangegangenen, die jetzt manches in ihrer Lebensrückschau klarer sehen und sich danach sehnen, dies Menschen, die im Hier und Jetzt auf der Erde leben, auf der Gedanken- und Gefühlsebene mitteilen zu können.

NACHWORT

Von Andreas Neider

In diesem Nachwort möchte ich, ebenfalls in dialogischer Form, noch auf einige weitergehende Fragen eingehen, die im Zusammenhang mit der Aufgabe der Anthroposophischen Gesellschaft im 21. Jahrhundert stehen.

Rudolf Steiner hat in seinen an die Weihnachtstagung anschließenden Vorträgen über das Karma der Anthroposophen und der Anthroposophischen Gesellschaft gesprochen. Darin spricht er immer wieder von zwei karmischen Strömungen, den Aristotelikern und den Platonikern. Ich fühle mich jedoch keiner dieser beiden Gruppierungen zugehörig, denn diese erscheinen mir als sehr akademisch geprägt, zudem waren das alles nur Männer. Ich erlebe mich weder als eine akademisch geprägte Seele, noch empfinde ich mich im Zusammenhang mit diesem männlich und intellektuell geprägten Milieu. Wieso also sollte ich Mitglied einer Gesellschaft werden, deren karmischer Vergangenheit ich mich nicht als zugehörig erlebe?

Es ist richtig, dass Steiner in seinen Karmavorträgen fast ausschließlich von diesen beiden Gruppierungen gesprochen hat. Diese hatten aber eine spezifische Aufgabe, nämlich durch die Begründung der Anthroposophischen Gesellschaft, die mit der Weihnachtstagung 1923 vollzogen wurde, eine Kulmination der anthroposophischen Bewegung zum Ende des 20. Jahrhunderts vorzubereiten. Er drückt sich dabei folgendermaßen aus:

„Aber diejenigen, die heute mit wahrer innerer Herzenshingabe Anthroposophie aufnehmen können, die sich mit Anthroposophie verbinden können, sie haben den Impuls in sich, aus dem, was sie erlebt haben im Übersinnlichen im Beginne des 15. und im Beginne des 19. Jahrhunderts, zusammen mit allen den anderen, die seither nicht wieder heruntergekommen waren, mit dem Ende des 20. Jahrhunderts auf der Erde zu erscheinen. Bis dahin wird vorbereitet sein durch anthroposophische Spiritualität dasjenige, was dann aus der Gemeinsamkeit heraus verwirklicht werden soll als die völlige Offenbarung dessen, was übersinnlich durch die genannten Strömungen vorbereitet worden ist.

Meine lieben Freunde, der Anthroposoph sollte

das in sein Bewusstsein aufnehmen, sollte sich klar sein darüber, wie er berufen ist, schon jetzt vorzubereiten, was immer mehr und mehr als Spiritualität sich ausbreiten soll, bis die *Kulmination* kommen wird, wo die wahren Anthroposophen wieder dabei sein werden, aber vereinigt mit den anderen, am Ende des 20. Jahrhunderts. Bewusstsein soll der wahre Anthroposoph haben, dass es sich heute darum handelt, teilnehmend hineinzuschauen und mitzuarbeiten an dem Kampf zwischen Ahriman und Michael. Nur dadurch, daß eine solche Spiritualität, wie sie durch die anthroposophische Bewegung fließen will, sich vereinigt mit anderen Geistes-strömungen, wird Michael diejenigen Impulse finden, die ihn mit der irdisch gewordenen Intelligenz, die eigentlich ihm gehört, wieder vereinigen werden. …

Denn geschrieben steht über uns mit übersinnli-chen Lettern: Werdet euch bewusst, dass ihr ja wiederkommen werdet vor dem Ende des 20. Jahrhunderts und am Ende dieses 20. Jahrhun-derts, das ihr aber vorbereitet habt! Werdet euch bewusst, wie das dann sich ausgestalten kann, was ihr vorbereitet habt!" (Vortrag vom 28. Juli 1924 in GA 237, S. 118 f.)

**Klingt das nicht sehr anspruchsvoll: „wahre"
Anthroposophen! Was verstehst du darun-
ter?**

Eigentlich nur das, was oben in dem Zitat steht:
die Anthroposophen, *die heute mit wahrer innerer
Herzenshingabe Anthroposophie aufnehmen können.*

**Denkst du wirklich, dass die von Steiner
vorausgesagte Kulmination der Anthroposophie tatsächlich am Ende des Jahrhunderts stattgefunden hat? Und wenn ja: Hat
diese Gesellschaft ihre Aufgabe mit dieser
„Kulmination" nicht längst erfüllt?**

So könnte es in der Tat erscheinen. Denn worin
bestand denn die „Kulmination" am Ende des
20. Jahrhunderts? Sie bestand darin, dass die
anthroposophische Bewegung sich sowohl in
Mitteleuropa wie dann nach 1989 auch in der
außereuropäischen Welt immer weiter ausgebrei-
tet hat, sodass es heute auf allen fünf Kontinen-
ten Waldorfkindergärten und Waldorfschulen,
biologisch-dynamische Höfe, Anthroposophische Medizin und heilpädagogische Einrichtungen gibt! Auch wenn es sich oft noch um kleine
Initiativen handelt, die von wenigen Menschen
getragen sind – es ist eine weltweit ausgestreute

Saat, die bei guter Pflege reiche Frucht bringen wird.

Die Kulmination hatte aber neben diesem kosmopolitischen Aspekt noch ein weiteres Ziel, das Steiner an der zitierten Stelle besonders hervorhebt:

„Es wird nun noch meine Aufgabe sein, Ihnen zu zeigen, mit welch raffinierten Mitteln Ahriman das verhindern will, in welchem scharfen Kampfe dieses 20. Jahrhundert steht. Des Ernstes der Zeiten, des Mutes, der notwendig ist, um in richtiger Art in spirituelle Strömungen sich einzugliedern, kann man sich aus all diesen Dingen heraus bewusst werden. Aber indem man diese Dinge in sich aufnimmt, indem man sich sagt: Du Menschenseele, du kannst dazu berufen werden, wenn du verstehst, mitzuwirken an der Sicherung der Michael-Herrschaft — kann zu gleicher Zeit das entstehen, was man nennen möchte einen hingebenden inneren Jubel der menschlichen Seele, so kraftvoll sein zu dürfen. Aber die Stimmung zu dieser mutvollen Kraft, zu diesem kräftigen Mut muss man finden." (Ebd.)

Welche Anzeichen siehst du für diesen Kampf?

Da gibt es viele – besonders prominent erscheint mir die rasant vorangetriebene Digitalisierung und die Entwicklung der künstlichen Intelligenz, durch die jegliche geistige Tätigkeit der Menschen stark abgelenkt und manipuliert wird. Parallel geht eine zunehmende Verunsicherung, welche Nachrichten richtig, falsch bzw. halbrichtig oder halbwahr sind. Dazu trägt auch die Informationsflut in den sozialen Netzwerken bei, die dazu führt, dass sich die Frage nach der Wahrheit immer mehr relativiert. Ahriman ist eben auch der Lügengeist, der versucht, die Menschen von den eigentlichen, geistigen Realitäten fern zu halten.

Positiv daran ist jedoch, dass immer mehr Menschen merken, dass es hier auch um eine Vereinnahmung ihrer eigenen Intelligenz geht und dass es entscheidend ist, in seinem eigenen Denken urteilsfähig zu werden und Verantwortung für das zu übernehmen, was man als richtig erkannt hat, auch wenn dies nicht der herrschenden Meinung entspricht. Das gibt Michael als dem herrschenden Geist unserer Zeit die Möglichkeit, seine kosmische Aufgabe auf neue

Art wahrzunehmen, indem er die Menschen auf dem Weg begleiten kann, von der Freiheit Gebrauch zu machen und ihre Intelligenz, das heißt ihr Denken zu spiritualisieren.

Was hat dies aber mit der Mitgliedschaft in der Anthroposophischen Gesellschaft zu tun? Das kann doch auch unabhängig von ihr geschehen?

Dazu braucht es ein Verständnis für Wesen und Wert verbindlicher Gemeinschaften und insbesondere solcher, die im Geist gegründet sind. Wichtig ist aber auch die Frage nach dem Wesen der Anthroposophie, der „Anthroposophia". Dieses die Menschheitsentwicklung begleitende Wesen, das die anthroposophische Geisteswissenschaft inspiriert, das Menschenziel in sich birgt und im Zusammenhang steht mit der ganzen Fülle der geistigen Wesen und ihren Welten kann zwar die individuelle suchende Menschenseele und frei sich zusammenfindende Gruppen begnaden.

Es kann aber seine Menschheitsaufgabe nur erfüllen, wenn sich verbindliche Menschengemeinschaften bilden, die über längere Zeiträume hinweg bereit sind, diesem Wesen eine irdische

Hülle zu geben und es in seiner irdischen Wirksamkeit unterstützen wollen. So gesehen ist die Anthroposophische Gesellschaft – wie Rudolf Steiner sie auch einmal genannt hat – *eine Versuchsgesellschaft des Allgemeinmenschlichen.*

Gegenüber den die gegenwärtige Menschheit in hohem Maße beherrschenden ahrimanischen Gewalten braucht es starke Menschengemeinschaften, die sich dem geistig entgegenstellen und die die Zukunftskeime des Menschlichen, ja der Menschheit unter sich aufleben lassen und weiter entwickeln.

Es ist also richtig, dass sich die von Rudolf Steiner 1924 vorausgesagte „Kulmination" am Ende des 20. Jahrhunderts tatsächlich vollzogen hat. Und es könnte so erscheinen, als sei die damit verbundene, in den Karmavorträgen von 1924 beschriebene karmische Aufgabe erfüllt. Darin aber liegt eben zugleich auch eine Riesenchance: *Denn wo sich ein Karma erfüllt hat, gestaltet sich das Schicksal aus freien Entschlüssen in die Zukunft weiter.*

Das heißt: *Die Anthroposophische Gesellschaft wird sich im 21. Jahrhundert, nach der „Kulmination", nicht mehr aus den Kräften ihrer karmischen Vergangenheit weiter entwickeln, sondern nur aus dem freiwilligen Entschluss vieler Menschen, die sich der Mission des Wesens Anthroposophia anschließen wollen.* Diesem heilenden, Frieden stiftenden Geist eine Hülle, einen kräftigen Leib zu geben, das ist die Aufgabe der Allgemeinen Anthroposophischen Gesellschaft im 21. Jahrhundert.

Das birgt aber natürlich auch die Gefahr, dass sich nicht genügend Menschen finden, die zu einer solchen Zusammenarbeit bereit sind. Denn, sich einer solchen Freiheitsgesellschaft anzuschließen, das kann letztlich nur aus Liebe zur Anthroposophie und zu der von Rudolf Steiner gestifteten Menschengemeinschaft geschehen. Vernunftgründe oder gute Ideen reichen da nicht – vielmehr braucht es die Kraft, die nur ein Ideal haben kann, wie es Michaela Glöckler in ihrem Essay so schön beschrieben und wie es Rudolf Steiner bei der Grundsteinlegung dieser Gesellschaft mit den folgenden Worten ausgesprochen hat:

„Und höret es, meine lieben Freunde, also ertönen in Euren eignen Herzen! Dann werdet Ihr hier gründen eine wahre Vereinigung von Menschen für Anthroposophia, und werdet den Geist, der da waltet im leuchtenden Gedankenlichte um den dodekaedrischen Liebesstein, hinaustragen in die Welt, da, wo er leuchten und wärmen soll für den Fortschritt der Menschenseelen, für den Fortschritt der Welt." (Vortrag vom 25.12. 1923 in GA 260, S. 69.)

In diesem Sinne wünsche ich der Initiative, die Michaela Glöckler mit dieser kleinen Schrift für das weitere Gedeihen der Allgemeinen Anthroposophischen Gesellschaft im 21. Jahrhundert ergriffen hat, eine möglichst weite Verbreitung!

Michaela Glöckler, Dr. med., Kinderärztin. Bis 1987 am Gemeinschaftskrankenhaus Herdecke und schulärztliche Tätigkeit an der Rudolf Steiner Schule Witten, 1988 bis 2016 Leitung der Medizinischen Sektion am Goetheanum/ Schweiz, Mitbegründerin der Alliance for Childhood und der Europäischen Allianz von Initiativen angewandter Anthroposophie/ ELIANT. Internationale Vortrags- und Seminartätigkeit. Publikationen u.a.: *Kita, Kindergarten und Schule als Ort gesunder Entwicklung, Kindersprechstunde* (zusammen mit Wolfgang Goebel und Karin Michael), *Macht in der zwischenmenschlichen Beziehung, Meditation in der Anthroposophischen Medizin, Begabung und Behinderung.*

MICHAELA
GLÖCKLER

**DAS HERZ ALS ORT
DES GEWISSENS**

WEGE ZU GEISTIGER
UND KÖRPERLICHER
IMMUNITÄT

100 SEITEN, KART.,
€ 14,95. ISBN
9783756220120

Ausgangspunkt dieser neuartigen Darstellung des Herzens ist die Entwicklung des Herz-Kreislaufsystems im Zusammenhang mit dem Immunsystem, und die besondere Stellung, die dem Herzen dabei zukommt. Daran anschließend geht es um die Einflussfaktoren, die die Herzgesundheit und die Stabilität des Immunsystems begünstigen.

Das Einzigartige und Besondere dieses Beitrages aber ist die Betonung des geistigen Aspekts einer gesunden Herzfunktion: Das Gewissen und mit ihm der Ort der autonomen Verständigung des Menschen mit sich selbst und der spirituellen Dimension seines Daseins.

AKANTHOS AKADEMIE EDITION ZEITFRAGEN